2013 中国网络借贷行业蓝皮书

王家卓 徐红伟/主编
马骏/副主编

北京大学汇丰商学院中小企业研究中心
网贷之家

知识产权出版社
Intellectual Property Publishing House

图书在版编目（CIP）数据

2013 中国网络借贷行业蓝皮书／王家卓，徐红伟主编．—北京：知识产权出版社，2014.4

ISBN 978－7－5130－2701－4

Ⅰ.①2… Ⅱ.①王… ②徐… Ⅲ.①互联网络－应用－借贷－商业服务－白皮书－中国－2013 Ⅳ.①F832.4－39

中国版本图书馆 CIP 数据核字（2014）第 063701 号

内容提要

作为完全由市场自下而上产生的融资方式，网络借贷在过去几年的发展远远超出了许多人的预期和想象。而作为我国未来投融资领域和互联网金融的重要组成部分，网络借贷的风险与机遇并存。蓝皮书基本涵盖了网络借贷行业的所有重要领域，绝不仅限于冰山一角。

责任编辑：张佳立　　　　**责任出版**：刘译文

2013 中国网络借贷行业蓝皮书

王家卓　徐红伟　主编　　　马骏　副主编

出版发行：知识产权出版社有限责任公司	网　　址：http：//www.ipph.cn
社　　址：北京市海淀区马甸南村 1 号	邮　　编：100088
责编电话：010－82000860 转 8368	责编邮箱：z.editor@foxmail.com
发行电话：010－82000860 转 8101/8102	发行传真：010－82000893/82005070/82000270
印　　刷：北京科信印刷有限公司	经　　销：各大网上书店、新华书店及相关专业书店
开　　本：787mm×1092mm　1/16	印　　张：11.25
版　　次：2014 年 4 月第 1 版	印　　次：2014 年 4 月第 1 次印刷
字　　数：180 千字	定　　价：45.00 元

ISBN 978－7－5130－2701－4

前　言

中国经济在经过三十多年的高速发展后，正面临着一个重要的转折点。以投资和出口拉动需求、以环境污染和能源耗费作为代价、以低廉的劳动力成本作为企业主要竞争方式的经济增长模式已经难以为继了。如何大幅度地增加国内消费在促进经济增长中的作用，如何以绿色环保的方式生产和生活，如何节约不可再生的传统能源、大力开发可再生的新型能源，以及如何在科技创新的基础上以品牌竞争的方式发展企业，已经成为中国经济在未来三十年是否可持续发展的关键所在。

然而，在使用货币作为媒介和支付手段的现代货币经济中，任何科学技术的创新活动和经济增长模式的转变，都离不开资金的融通和支持经济增长的金融体制、金融工具的相应创新。同样，在一个中小企业占企业总数99%以上的经济体中，任何科学技术的创新和整个经济增长模式的转变，也都离不开中小企业的全面参与和健康发展。

和大型企业相比，尤其是和具有垄断地位的大型企业相比，中小企业不仅在创新方面覆盖了占比不到企业总数1%的少数大型企业无法全面覆盖的众多领域，而且在实施科技创新方面具有远较大型企业，尤其是具有垄断地位的大型企业，更加强烈的创新动机。创新通常是对市场现有状况的改变，而大型企业通常是现有状况的最大受益者。因此，大型企业，特别是具有垄断地位的大型企业，通常会对改变现状的创新缺乏动力，尽管其后果有时会非常严重。美国著名的柯达公司，就是一个曾具有垄断地位的大型跨国公司因担心损害其传统胶片技术的传统利益而不愿开发采纳新型数字技术而最终导致破产保护申请的最新案例。

尽管中小企业在科技创新和经济增长中的作用不可或缺，但在现代货币经济中，和其他任何企业一样，缺少了资金的融通，毋庸说科技创新和发展，即使是维持企业基本生存的生产活动都是无法实现的。然而，由于规模的限制，中小企业通常会缺乏获得银行贷款所需要的足够的抵押资产、以往的信用历史、规范的财务报表以及充分的信息披露。这使得融资难成为中小企业在全世界范围内所面对的挑战。而在中国，由于传统的金融体制对民营资本进入金融领域的限制，使得可贷资金不平衡的程度更为严重。这种不平衡会极大地制约中小企业的健康发展，阻碍中国经济增长模式的成功转型。

另一方面，要增大国内居民消费在促进经济增长中的作用，就需要首先增加国内居民实际购买力的水平。但在中国目前社会保障体系的发展尚不完善，住房、医保和教育的高额费用基本上会用尽普通消费群体的可支配收入的情况下，缺乏购买力的需求是无法达到促成中国经济增长模式的转变所需要的程度和力度的。而消费金融作为一般金融在消费领域的具体应用，具有帮助消费者连接其当前消费与未来收入的功能，可以有效地帮助消费者能够不局限于其当前收入，从而在其整个生命周期的范围内进行消费规划和支出。因此，消费金融会极大地增加普通消费者的实际购买力，从而提高整个社会的有效需求。然而，在传统的以大型国有商业银行为主体的金融体系中，大量的普通消费者的小额消费信贷通常难以被充分覆盖和有效提供。

因此，不论是从生产还是从消费的角度来看，中国经济都亟待金融创新。这不仅是广大中小企业生存和发展的需要，是广大普通消费者提高生活水平的需要，也是中国经济在未来三十年可持续发展的需要。

作为金融创新的一个重要的组成部分和一个完全由市场自下而上产生的融资方式，网络借贷在过去几年的发展远远超出了许多人的预期和想象。网络借贷，是资金借贷双方通过网络借贷公司在互联网上设立的平台进行资金融通的一种借贷方式。它打破了传统的金融机构对于融资渠道、融资对象和融资来源的垄断，使借贷的供求双方可以通过网络的平台直接进行对接。它不但使传统的商业银行不能覆盖和惠及的众多的中小企业，特别是小微企业，以及需要小额贷款的普通消费者获得了融资的渠道和机会，促进了消费、生产和科技创新机会的实现；也为广大的投资人在股市低迷、房地产市场风险增大、银行储蓄利率过低和缺乏足够的投资理财机会的情况下，提供了一个另类的投资选择。网络借贷的出现在满足了更多的借款人需求的情况下，更充分地使用了社会闲置资金，提高了全社会资金的使用率，促进了利率的市场化，更好地履行了金融市场从资金剩余者手中向资金需求者手中转移剩余资金的基本职能，提高了金融市场进行资源配置的效率。

当然，和所有其他的融资方式和金融工具一样，网络借贷也同样存在借款人违约以及无法偿还本金和利息的风险，存在着收益与风险的相互取舍和替代。网络借贷打破了传统的金融机构对于融资渠道的垄断，但并没有因此而消除借贷这一融资方式本身所天然具有的不确定性。金融市场普遍存在的信息的不对称性，并没有因为借贷双方的直接对接和互联网的使用而自然而然地减少。就像创造金融衍生产品的初衷是为了防范和减少风险，而过度或不适当地使用金融衍生产品却酿成了第二次世界大战后影响最为广泛和深远的一次金融危机一样，网络借贷在促进金融创新的同时，也可能会产生由网络借贷而引发的新的风险。

因此，如何扬长避短，既能充分地发掘和发挥网络借贷在满足中小企业和普通消费者的融资需求，为出借人提供新的投资渠道，以及促进金融市场资源配置效率方面的积极作用；又能深入地分析网络借贷风险产生的根源，寻找出相应的防范措施，这是保障网络借贷行业健康发展的必要条件。而对网络借贷行业进行比较全面的梳理和分析，是实现这一目的的基本前提。《2013 中国网络借贷行业蓝皮书》就是网络借贷问题的研究者对 2013 年中国网络借贷行业进行分析研究的一个初步成果。

蓝皮书的内容基本涵盖了网络借贷行业的所有重要领域，包括：网络借贷的定义，网络借贷的历史，网络借贷市场的规模，网络借贷平台的基本盈利模式和风险分析，借款人的特点分析，出借人的特点分析，问题网络借贷平台产生的原因分析，网络借贷平台的垫付模式分析、扩张模式分析、业务流程分析、平台功能分析，网络借贷行业风险的系统性分析，国外具有代表性的网络借贷平台的比较分析，网络借贷平台的综合评级分析，网络借贷行业的市场前景分析，等等。其所有章节都配有具体的网络借贷平台的案例分析，是一部综合了理论分析、概念探讨和网络借贷行业实际探索的研究成果。

鉴于网络借贷行业在中国的发展现状，《2013 中国网络借贷行业蓝皮书》应具有广泛的读者群。他们可以是，但不局限于：

（1）已参与或潜在的借款人。网络借贷多为小额贷款，门槛较低，可参与者人数众多。根据网贷之家的数据统计（详见本书正文），仅90家网络借贷平台的借款人就达15万之多。对于这一快速发展、创新不断的新兴行业，已参与或潜在的借款人会迫切地希望能够对这一行业有更多、更深入的和最新、最全面的了解。而蓝皮书的出版无疑会在此方面满足这部分读者的需要。

（2）已参与或潜在的出借人。基于同上的原因，已参与或潜在的出借人同样人数众多。根据网贷之家的数据统计，网络借贷平台的出借人数已达20多万。尤其是在中国股市低迷，房地产市场风险增大、短期前景不明，银行储蓄利率过低和缺乏足够的投资理财机会的情况下，网络借贷为广大的中小投资人提供了一个另类的投资选择。这些中小投资人也同样会迫切希望对这一行业有更多、更深入的和最新、最全面的了解。蓝皮书的出版也将会满足这部分读者的要求。

（3）网络借贷行业的从业人员。网络借贷的出现不仅为从事这一行业的人员提供了一个创新、创业的机会，同时，和金融行业的其他领域类似，也为从事这一行业的人员带来了其特有的风险。如何创造盈利、规避风险，需要网络借贷行业从业人员对这一行业的特点有全面、深入的了解。显而易见，蓝皮书的出版会为网络借贷行业的从业人员提供一部重要的参考书。

（4）传统金融行业的从业人员。网络借贷的出现，对传统的商业银行体系既是一个巨大的挑战，也可能会成为一个重要的机遇。金融和互联网结合，已是大势所趋。对于传统的商业银行体系而言，银行上网、金融上线，时至今日，已不是一个做还是不做的问题，而是一个何时做和如何做的问题。而对于网络借贷行业的全面分析和了解，是传统商业银行进行重大决策之前必做的一份家庭作业。蓝皮书的出版对身处传统商业银行体系的相关人员亦会具有相应的参考价值。

（5）政府监管部门人员。目前在中国，网络借贷行业暂时还处于无政府监管的状态。但随着行业的发展和越来越多风险的显现，这种状况是不可能持续的。而政府监管的一个重要问题就是政府监管的程度：过，则可能会不必要地抑制经济发展所需要的金融创新；不及，则可能会无法控制同样是经济发展所需要控制的风险，从而失去了监管的意义。因此，对行业的全面分析和了解，也是政府监管部门进行科学决策的前提。蓝皮书的出版也将对此提供有益的参考。

我们衷心希望，伴随互联网金融的风生水起，《2013中国网络借贷行业蓝皮书》能够成为一部及时满足社会各界需要的出版物，为广大的普通读者提供了解这一快速发展的新兴行业的基本知识，为可能的网络借贷参与者提供网络借贷的融资方式及其盈利与风险的全面分析，为传统金融机构和互联网的结合提供有价值的借鉴，为政府监管机构政策的制定及规章制度的建立提供有益的参考。

China's Online Lending Industry in 2013

2013中国网络借贷行业蓝皮书

目 录/CONTENTS

第一章 网络借贷综述

第二章 网络借贷行业数据统计分析

第三章 国内网络借贷平台商业模式分析

第四章 国外网络借贷平台商业模式分析

第五章 网络借贷行业风险

第一章
网络借贷综述

1.1 网络借贷的定义

网络借贷，简单地说，就是有资金出借意向的出借人通过网络借贷平台，将资金出借给有资金需求的借款人。网络借贷又称 P2P 网络借贷。P2P 是英文 Peer to Peer 的简写，中文通常翻译为“人人贷”，即个人对个人借款。

社会中的个体在特殊时期可能会面临缺少收入来源、资金周转困难的状况，无法迅速找到合适的资金来源。而银行等传统金融机构虽然利率相对较低，但对于普通民众或小微型企业的小额借款却少有涉及。因此，熟人间通过口头或书面约定进行借贷就成为了一种高效率的融资方式，这也就是通常所说的民间借贷。这种借款方式是双方基于血缘、地缘关系，通过简便的手续和灵活的方式来实现资金的流转。

2006 年的诺贝尔和平奖获得者尤努斯教授曾经创造了“乡村银行”的概念，他在所成立的格莱珉银行提倡集资然后分散借钱给穷人，鼓励他们创业，并采取了一系列措施来规范还款，使得贷款的坏账率基本控制在 2% 以下。孟加拉国两百多万的贫困人口，特别是妇女从该银行获得了小额贷款以创造劳作机会，极大地促进了孟加拉国农村经济的发展，扶贫者与被扶贫者也达到双赢。现在普遍认为，P2P 借贷的概念正式发源于“乡村银行”，这也是一种将分散的资金汇集起来再出借的融资模式。

随着信息产业的发展，P2P 借贷也逐渐通过互联网进行发展，网络借贷平台应运而生。由于互联网的延伸范围广泛，借助互联网的小额借贷也突破了熟人、地域的条件限制，成为了更广泛意义上的个人对个人借贷。网络借贷的模式主要表现为个体对个体的信息获取和资金流动，在债权债务关系中脱离了传统的融资媒介。从这个意义上讲，网络借贷涵盖在所谓“金融脱媒”的概念里。

在该模式中，存在一个中间服务方——网络借贷平台（以下简称网贷平台）。网贷平台，就是从事个人对个人借款中介服务的网络平台。网贷平台作为网络借贷的中介，负责对借款人的个人信用、财务状况、抵押物等进行详细的考察和评定，同时，将优质的借款人推荐给有资金出借需求的出借人，供其选择和出借，完成出借人到借款人的点对点资金交易。总的来说，网贷平台就是为借贷双方提供相互的信息交流、信息价值认定和其他促成交易完成的服务，但不作为借贷资金的债权或债务方。具体的服务形式包括但不限于：借贷信息公布、信用审核、法律手续、投资咨询、逾期贷款追偿以及其他增值服务。有些网贷平台实际上还提供资金中间托管结算服务，但这也依然没有逾越“非债权债务方”的边界。

网络借贷把互联网和小额借贷结合在一起，为借贷双方提供了直接公开的交易平台，同时也避开了申请困难、程序复杂的银行借款路径，把较小额度资金聚集起来出借给有需求的人群。由于网络可以聚集到众多出借人，他们在投资获利的同时也分散了借贷损失的人均风险。网贷平台的交易流程见图 1－1。

图 1－1　P2P 网贷平台交易流程

1.2　网络借贷的特点

和传统的银行贷款形式相比，网络借贷的独特之处在于：

首先，网络借贷依赖于互联网技术，而互联网呈现出扁平化、社区化的特点，强调每个人的参与性，这就十分便利地实现了多对多的信息整合与审查。这一点对网络借贷至关重要，因为其参与者非常广泛，借贷关系密集复杂，与现有民间借款不同的是，互联网可以有效降低审查的成本和风险，实现运作的透明化，使小额贷款成为可能。

其次，网络借贷一般为小额借贷，准入门槛较低，参与方式灵活，使得参与者极其广泛和分散，借贷双方呈现出网格状的多对多形式。覆盖的借入者人群一般是中低收入阶层以及中小企业，短期周转需求占据很大部分，现有银行体系覆盖不到，因此是银行体系的必要的和有效的补充。

再次，网贷平台不参与借款，做的更多的是信息匹配、工具支持和服务等功能。在平台上，借贷双方多样化的需求可以实现磨合和匹配，形成多样化的产品特征和交易方式。

最后，网络借贷针对的是中低收入以及创业人群和中小企业，这类借款人普遍不被传统金融机构接纳但又亟须借款，因此具有较大的社会效益。它依靠大量网络信息的汇总和分析解决了很多做小额贷款尝试的机构组织普遍存在的成本高、不易追踪等问题。

综上所述，网络借贷依靠互联网技术有效降低了审查成本和风险，使多对多小额贷款成为可能，满足了市场需求，极大促进了社会效益，是传统金融体系的必要补充。

1.3 网络借贷的发展历程

P2P 小额借贷的雏形可以追溯到最早的个人互助借贷模式——“标会”，亲戚、朋友之间通过这一平台开展小额借贷活动以解决资金短缺的燃眉之急。随着互联网技术的快速发展和普及，P2P 小额借贷逐渐由单一的线下模式转变为线下与线上并行，网贷平台也应运而生，并成为 P2P 借贷的主要形式。[1]

2005 年，网络借贷服务在英国首次出现。这一模式凭借高效便捷的操作方式和个性化的利率定价机制，使借贷双方互惠共赢，一经推出便得到广泛的关注和认可，迅速在其他国家复制。目前国外知名的网贷平台主要有英国

[1] 徐伟新:《谈网络借贷模式与非法集资犯罪》，载《电子商务》2013 年第 2 期。

的 Zopa、美国的 Prosper 和 Lending Club、德国的 Auxmoney、日本的 Aqush、韩国的 Popfunding、西班牙的 Comunitae 以及巴西的 Fairplace 等。[1] 其中，以英国的 Zopa 和美国的 Prosper 最具代表性。

Zopa 于 2005 年 3 月在英国开始运营，是全球第一家网贷平台。截至 2013 年年底，Zopa 累计成交金额超过 4.7 亿英镑，而仅仅有 45 位员工。

Prosper 于 2006 年 2 月在美国上线运营，是繁荣市场公司（Prosper Market）的简称。自成立以来，Prosper 借贷规模迅猛增长。Prosper 在 2013 年共成交 3.59 亿美元，2013 年 12 月就成交了 5 980 万美元。而 Prosper 在 2012 年的总成交量为 1.537 亿美元，2013 年较 2012 年增长了 131.5%。[2]

自 2007 年 6 月中国第一家网贷平台——拍拍贷成立以来，诸多网贷平台相继涌现，影响范围不断扩大，交易数额日益增长。据测算，截至 2013 年年底，全国约有 800 家左右平台。但一方面，平安集团、招商银行等传统金融机构开始试水网络借贷；另一方面，逾 70 家不规范的网贷平台也逐步被行业洗牌淘汰掉。网贷平台的发展历程见图 1 - 2。

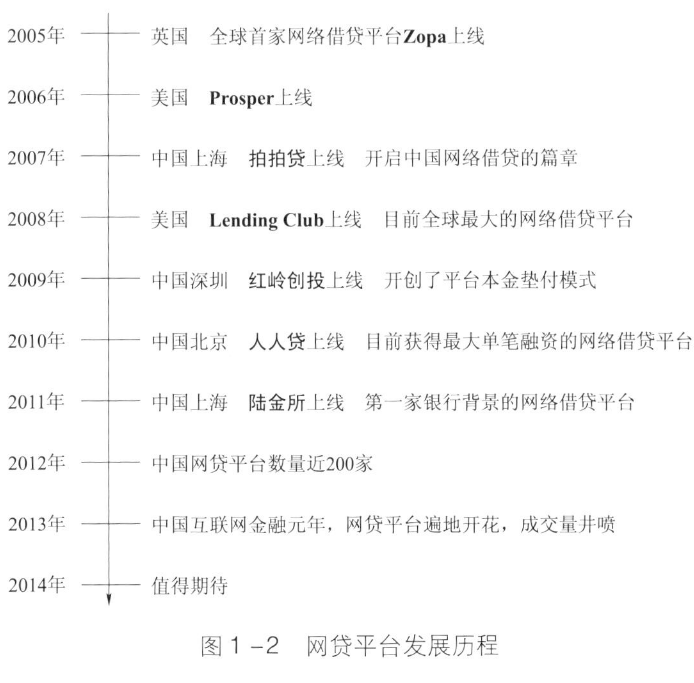

图 1 -2　网贷平台发展历程

[1] 钱金叶、杨飞：《中国 P2P 网络借贷的发展现状及前景》，载《金融论坛》2012 年第 1 期。

[2] Angela Ceresnie，Loan Quality for 2013：Prosper，http：//www.orchardplatform.com/loan - quality - for - 2013 - prosper/.

目前国内的网络借贷行业是两股力量糅合的产物：一股力量来自于银行、保险等传统金融机构的互联网化；另一股力量则来自于在中国生息繁衍了上千年的民间借贷的互联网化。而网贷这几年的爆炸性发展，主要是因为民间借贷的强劲力量。渴望阳光、正规化的民间借贷机构，相比传统金融机构更灵活、更渴望创新，当与互联网技术发生碰撞时，就激发出炽烈的火花。可以预见，庞大的民间借贷行业将会被网络借贷所震动，它们将会更积极地参与和进入到不同层次的金融服务中。同时，传统金融机构也不会对来势汹汹的网络借贷置之不理，我们也将会看到更多的传统金融机构试水网络借贷。

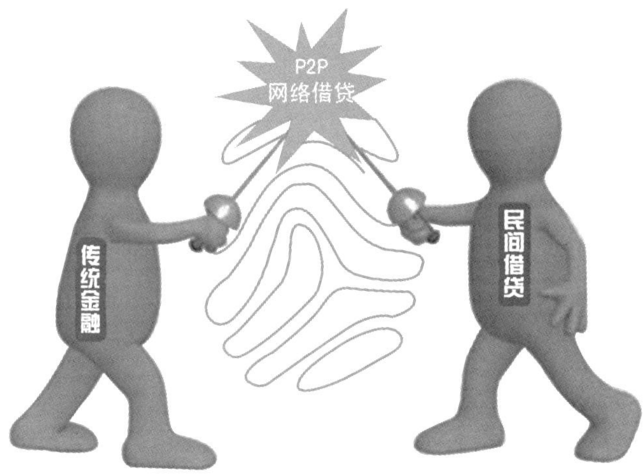

图 1 -3　网络借贷中的两股力量

1.4　网络借贷的模式简析

1.4.1　国外模式

国外网贷平台的用户群体和运营模式不完全相同，大体上可以分为：单纯中介型（以 Prosper 为代表）、公益型（以 Kiva 为代表）和利率制定—借款匹配的复合型（以 Zopa 为代表）。[1]

Prosper 已在之前有所介绍。Prosper 网站上借款人的借款额度在 2 000 ～ 25 000 美元间，而出借人的最低竞标额度为 25 美元。网站在需要资金的人提交借款请求后会生成独立的借款页面；出借人参考借款人的信用评级以及财务情况等，以自己能承受的金额和利率竞标。在借款结束后，利率较低的投标会中标，其余的投标无效。Prosper 是纯粹的中介型借贷平台，需要完成的工作主要是传递信息，完成交易。经过数年的发展，Prosper 的借贷机制相对来说已较为完善。

Zopa 亦在前文有所介绍。网站把借款人分为 A* 、A、B、C 和 Y 五个信用等级，出借人首先选择特定等级的借款区域，然后再根据借款目的和借款期限提供资金。Zopa 的主要责任包括借款人的审核、利率制定和借贷双方匹配。Zopa 平台内的出借人以自己理想的利率和金额投资。为了减少网络借贷的风险，网站特别提供了一个系统设置：若出借人提供的资金高于 500 英镑，系统也会自动将其划分，保证至少覆盖到 50 笔借款，以充分分散风险。

Kiva 是一家非营利性的网贷平台，主要服务于落后国家低收入的企业和家庭。从 2005 年至今，来自 60 个国家的将近 80 万的出借人在 Kiva 上累计借出近 3 亿美元。在贷款规模大幅增加的同时，网站采用了“小额投资 + 批量出借人”的模式来控制风险，借款偿还率达到 98. 94% 。目前 Kiva 的合伙人包括约 150 个组织，分布于越南、蒙古、秘鲁等各个国家，他们通常是当地的微金融服务机构，负责联系和筛选借款人，当然也包括借款成功后的资金发放和回收，他们会把到期的还款汇集后交给 Kiva 再返还至出借人。由于借款人和出借人都来自不同地区，因此，Kiva 也更注重群体的概念，用户可以根据宗教、国家和家庭特征自发组成群体，以便互相联系或者分享借贷经验。这三种国外网贷平台对比见表 1 －1。

表 1 －1 国外网贷平台对比

	Prosper	Kiva	Zopa
用户群体	有小额资金需求的美国公民	落后国家的家庭和企业	有小额资金需求的英国公民

[1] 《国内外 P2P 网站的对比分析》，http：//www. rxdai. com/newsdongtai/a394. html。

续表

	Prosper	Kiva	Zopa
用户评级	Prosper 网站根据历史信息和数据，计算出各种特征用户的年损失率（Loss Rate），再根据损失率的高低为注册用户确定信用等级，还能帮助出借人明确借款的风险水平和预期损失。	Kiva 对各地区的区域合伙人进行星级评价，评价模型中涉及的参数有掌控力、审计结果、流动性等。最后生成 1 ~ 5 星的评价等级，0.5 分为一个跨度。	Zopa 公司参照借款人在 Equifax 的信用报告和个人具体信息来对其进行信用评分。
利率制定	Prosper 网站会依据借款人的等级、借款期限和之前有无借款制定相应的借款利率。等级越低，时间越长，利率就越高。借款利率范围为 6.59% ~ 35.84%。	Kiva 为公益性借贷网站，出借人都是出于救困扶贫的目的进行投资，因此该网站的借款是无息的。	根据借款人的信用等级，再结合 Zopa 平台成功借款的利率分布水平，运用计算器（Loan Calculator）辅助计算，为借款人制定借款利率。
审核工作	Prosper 对借款列表的审核过程与竞投标的过程同步，包括对借款人的身份、财务状况和提交的材料进行核实。在借款页面也会显示审核的进展情况，因审核失败而流标的概率较小，即使借款已满标，Prosper 规定，也必须等审核工作完成后才能将资金转至借款人。如果在后期审核出现问题，借款人的满标借款也会被取消。	Kiva 对借款不作实质性的审核，由 Field Partner 进行筛选和推荐。	Zopa 在借款人提交借款申请后会作严格的审核，对借款人的身份和财务情况等进行核查。一旦审核通过，借款人请求即被激活，可以接受出借人出资。资金到位后，Zopa 不再作实质性审核，款项直接进入借款人账户。

续表

	Prosper	Kiva	Zopa
竞标方式	投标人每次最少出资25美元，以意愿的利率和金额进行投标。投标也分为开放式投标（Open Bid）和封闭式投标（Close Bid）。开放式投标是指借款若在截止时间前满额，出借人仍可以继续投标，降低利率；封闭式投标是指借款满额后立即停止。	出借人每次可以借出25～475美元，直至达到借款总额。	出借人可以首先选择特定信用评级（A*、A、B、C、Y）的借款人，结合借款期限（36/60个月），选择性地进行投资，借款市场分为A*36、A*60、C*36、C*60等。Zopa平台会介入到借款的过程中，对借贷双方进行匹配。即借贷双方对于资金的来源和去向是无法控制的。
正常还款率	91.36%	98.94%	99.98%

资料来源：Zopa❶，Kiva❷，Prosper❸

通过以上对国外典型借贷网站的对比分析可以看出，Prosper是单纯的借贷中介平台，借贷双方自主选择和交易；Kiva是为落后国家的企业和家庭提供借款服务的公益融资平台；而Zopa的功能更多，也更强调降低风险。

1.4.2　国内模式

国内目前的网贷平台模式，从有无垫付的角度划分，有无垫付模式、担保模式、风险准备金模式和“担保+风险准备金”的混合体模式；从网贷平台的扩张角度划分，有直营模式和加盟模式；从业务流程的角度划分，有P2P全流程模式和P2N模式；从平台功能的角度，即从平台从事的借款业务

❶ 英国P2P网贷平台Zopa，http://www.zopa.com/。
❷ 美国P2P网贷平台Kiva，http://www.kiva.org/。
❸ 美国P2P网贷平台Prosper，http://www.prosper.com/。

类型划分，有个人信用贷款、房产抵押贷款、车辆抵押贷款、动产抵押贷款、股权质押贷款、银行过桥业务、供应链金融和混业经营。

最早传入中国的网贷模式，即纯粹的 P2P 模式，平台只做中介方，借款人通过平台提交借款需求，平台方作线上审核，然后发布借款标，出借人投标，平台不参与到借贷的资金交易中，对于借款人逾期对出借人造成的损失，平台也不给予垫付。拍拍贷早在 2007 年就引入了传统的 P2P 模式，但因为中国信用体系的不完善，借款人的违约成本过低，出借人也难以通过互联网对借款人进行必要的风险判断，从而出借人面临本金损失的可能性较高，所以其时网贷一直不愠不火。直到 2009 年红岭创投提出了本金垫付的规则，出借人对于本金安全的担忧才得到了很大程度的改善。

从此，中国的网络借贷开始分化成有无垫付两种模式，而之后围绕着 P2P（第一个“P”，出借人；“2”，平台方；第二个“P”，借款人），开始衍生出各种不同的其他模式。垫付模式又出现以红岭创投为代表的担保公司垫付，以及以人人贷为代表的风险准备金垫付两种模式。借款人这端，从最开始的来源于线上，转变到去线下开发，从开设直营业务点去发展业务，到引入加盟商提供借款人资源，后来又衍生出以开鑫贷、有利网为代表的 P2N 模式，即借款人来源于合作的小贷及担保公司，并由小贷及担保公司提供担保，平台不参与借款人的开发及本金垫付。见图 1－4。

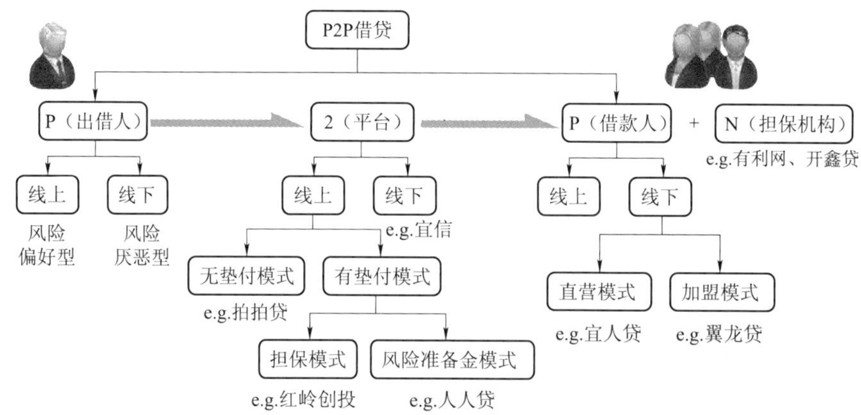

资料来源：网贷之家❶

图 1－4　P2P 借贷生态图

❶ 中国首家网络借贷行业门户——网贷之家，http://www.wangdaizhijia.com/。

总的来说，把类似拍拍贷这样提供 P2P 全流程服务，但不对出借人的收款提供保障的，称为 P2P 1.0 模式。对同样参与 P2P 全流程，但在“2”这端的交易平台上引入垫付机制，由平台的风险准备金或担保公司提供本金保障的，称为 P2P 2.0 模式，目前国内 P2P 网贷平台 95% 以上是这一模式。对借款业务及担保均来源于非关联的担保及小贷公司的，整个流程为 P2N 的（“N”为多家机构，不是直接的个人对个人），称为 P2P 3.0 模式。[1]见表 1－2。

表 1－2　国内 P2P 网贷平台模式分类

P2P 网贷模式	交易流程	有无垫付	垫付方式	案例
1.0	P2P	无	—	拍拍贷
2.0	P2P	有	担保	红岭创投、万惠投融
			风险准备金	人人贷、365 易贷
3.0	P2N	有	担保	有利网、开鑫贷

资料来源：网贷之家

1.5　网络借贷的意义

1.5.1　网络借贷与普惠金融

普惠金融是指能有效、全方位地为社会所有阶层和群体提供服务的金融体系。实际上就是能够让所有的老百姓享受更多的金融服务。几年的发展实践表明，网络借贷能够有效地解决个人和中小企业的融资问题。可以说，网络借贷是目前普惠金融这一理念最有力的实施渠道。

网络借贷之所以能实现普惠金融，是基于以下几个原因：

首先，我国现有正规金融机构的经营体制难以使多元化经济主体的资金

[1] 马骏：《P2P 网贷模式之谜》，http：//www. wangdaizhijia. com/news－more－8700. html。

需求获得满足。由于规模效益和风险控制等多种方面的原因，大型国有商业银行的主要贷款去向仍然是规模较大的国有企业，中低收入阶层和规模较小的民营中小企业仍然难以得到足够的信贷支持。而网络借贷的出现刚好填补了个人与中小企业融资需求的缺口，弥补了正规金融机构对个人和非公有制经济信贷服务无法全面覆盖的缺陷，让普惠金融这一愿景得到了实现。

其次，紧缩型货币政策通常会对中小企业融资产生非对称性的负面影响（银行不是依现有的贷款百分比按比例减少对大、中、小各种类型企业的贷款，而是首先减少对风险最高的中小企业的贷款）。在正规金融机构的信贷紧缩扩大了个人和民营中小企业的资金需求缺口的情况下，个人和中小企业可以通过网络借贷从丰裕的民间财富中获得融资。

最后，银行信贷集约化管理也为网络借贷的发展提供了契机。近年来，国有商业银行为了加强信贷管理，普遍实行了集约化经营策略。其中包括，取消与合并一些基层营业点，收缩一些基层管理权限，紧缩信贷供给等。这种战略必然促使信贷资金高度集中，导致国有商业银行对个人和民营中小企业的信贷支持力度减弱，广大的中低收入阶层和民营中小企业更加难以得到正规金融机构的信贷支持。为了寻求自身的出路，他们会将目光投向网络借贷，这就为网络借贷的发展带来了机遇。

1.5.2 网络借贷与平民理财

丰裕的民间资本，为网络借贷市场提供了源源不断的资金来源。改革开放 30 多年来，我国民间财富的积累已经具备了相当规模，为网络借贷提供了主要的资金来源。一方面，我国居民收入呈持续增长态势，不少居民手中拥有一定数量的闲置资金，这些闲置资金除了一部分以储蓄存款和信贷资金的形式进入正规金融机构外，另一部分可以流入网络借贷市场，成为网络借贷资金的重要来源；另一方面，随着民营经济的不断发展壮大，其资本积累不断丰厚，这也成为了网络借贷资金的一部分来源。这两部分共同构成了网络借贷资本市场的主要资金来源。

另外，高利润的回报使人们将手中的闲置资金投向了民间借贷市场。由于银行存款利率过低，在考虑到通货膨胀因素后真实利率甚至为负利率，居民必然不愿意将剩余资金存入银行，而追求更高回报的本质决定了他们必将寻求其他能获取更高收益的投资途径。但是，当前居民的投资渠道却相对狭窄，投资产品也比较缺乏。比如在有些乡镇是根本买不到国债和股票的，就更不用说接触到金融衍生物、期货交易等投资渠道，或者即使能够触及，大多数人也会因为对这些市场不够了解而止步。[1] 目前网络借贷利率一般是同类银行利率的 4 倍左右，这一强烈的利率反差决定了居民手中剩余资金的投向，即大量的居民闲置资金必然会流入到利率水平较高的网络借贷市场，这就构成了网络借贷源源不绝的资金来源，而丰厚的回报也为平民理财提供了新的有益途径。

1.5.3　网络借贷与金融创新

金融的本质在于完成资金在拥有剩余资金的个人或机构与资金需求者之间的融通：有投资渠道或投资项目而没有资金的一方需要融资，进而持续发展；有资金而没有投资渠道或投资项目的一方需要投资，以增加资本收益。网络借贷可以促使金融从衍生品创新到平台创新，回归其本质。近 30 年来，金融衍生品创新层出不穷，彻底改变了金融面貌。一方面，金融衍生品确实为大众和金融机构提供了多种多样的避险途径；但另一方面，衍生链的不断延长和复杂化已在某种程度上使其偏离了金融本质，带来了极大的金融风险。次贷危机引发的全球金融海啸和经济危机给全世界敲响了警钟。网络借贷的出现为金融创新提供了新的途径。不同于复杂的金融衍生品，网络借贷着力于构建灵活多样的融资平台，满足中低收入者和中小企业的信贷需求，透明化的运作流程有效降低了风险，切实地增进了社会福利，真正践行了金融本质。

1.5.4　网络借贷与多层次资本市场建设

在资本市场上，不同的出资者与融资者具有不同的投融资规模与主体特征，存在着对资本市场金融服务的不同需求。出资者与融资者对投融资金融服务的多样化需求，决定了资本市场应该是一个多层次的市场体系。以前我

[1] 洪丹丹：《基于利率市场化视角下的民间借贷之研究》，载《金融经济》2006 年第 24 期。

国的资本市场倾向于扶植大型企业，对于个人和中小企业的信贷及融资支持力度明显不足，网络借贷恰好填补了这一缺口。借助于互联网技术可以有效地实现多对多的小额贷款，方式灵活多样，有力地促进了中低收入阶层和中小企业的发展和福利，因而网络借贷已成为我国多层次资本市场建设中不可或缺的一环。

1.5.5 网络借贷与利率市场化

与银行信贷相比，P2P 网络借贷模式的吸引力在于：一是直接透明。出借人与借款人直接签署个人间的借贷合同，一对一地互相了解对方的身份信息、信用信息等，网络借贷拓宽了借款人直接融资的方式。二是在 P2P 网络借贷模式中，出借人可以对借款人的资信进行评估和选择，信用级别高的借款人将得到优先满足，其得到的贷款利率也可能更优惠。此外，出借人将资金同时分散提供给多个借款人，风险获得较大程度的分散。随着借款人信用等级的提升，借款的利率还将逐步下降。而对持有资金的出借人来说，选择 P2P 网络贷款平台，一个主要的原因在于可以获得相对更高的年化收益率。比较可以发现，2013 年一年期定期存款年收益率为 3%[1]，一年期国债约为 3.4%[2]，银行理财产品4% ～6%[3]，而不少 P2P 网贷平台的年收益率超过 10%[4]。民间借贷的高利贷顽症，症结在于资金供需失衡以及信用信息不对称，导致借贷双方都蒙受其害。而在一个公开透明的网贷平台上，有信用的人可以得到低利息的奖励。而拥有资金的人也乐于在控制风险的前提下出借给高信用的客户，这就促使利率水平受到供求调节，实现利率市场化。

---

[1] 根据中国人民银行公布的金融机构人民币存款基准利率，一年期为 3%，http://www.pbc.gov.cn/。

[2] 根据中国债券信息网的数据，一年期国债收益率在 3.4% 左右，http://www.chinabond.com.cn/。

[3] 根据金牛理财网公布的数据，2013 年银行理财综合收益在 4% ～ 6% 之间，http://www.jnlc.com/。

[4] 《网络版民间借贷暗潮涌动，缺少公允行业标准》，http://finance.china.com.cn/money/bank/yhyw/20120924/1038351.shtml。

第二章
网络借贷行业数据统计分析

2.1 采集对象及研究方法

2.1.1 采集对象

为全面、客观、准确地描述网贷平台的基本概况、发展现状及趋势，本章以与网贷之家接入数据接口的 P2P 网贷平台（约占全国网贷平台 60% ~ 70%）为主要采集对象，分别就这些平台 2013 年全年的基本信息及成交数据进行统计分析，采集内容包含但不限于网贷平台的基本要素、基本规模、成交量、综合利率、借款期限、借贷人及出借人情况等。

为更深入地研究网贷平台的特征，本章同时以特定的网络借贷群体为重点采集对象，分别就这些平台在 2013 年的基本情况进行调查统计分析，采集内容包含但不限于公司信息、经营指标、风险指标等。

同时，为研究网络借贷出借人群体的属性，我们发起了多次网络问卷调查，采集内容包含但不限于出借人属性及投资偏好等。

2.1.2 研究方法

本章中使用的研究方法主要包括以下三种：

1. 独立数据采集分析

本章涉及的大部分网贷平台的数据均来自于网贷之家数据库，数据由技术人员运用独立编写的网页信息采集程序获得，独立于网贷平台公布的数据。本章采集了样本网贷平台历年来的各方面数据，形成上亿条数据信息，并对这些数据进行核实、预处理、分析，以得出全面、客观、准确的数据及分析结果。

2. 线上与线下调研相结合

对涉及的大部分网贷平台及网贷主体的相关信息，本章不仅采用网贷之家数据库、网贷平台公布、传媒公开报道等线上调研方式，还采用了访谈、考察、调查等线下调研方式以得到相关数据信息，确保信息的准确性。如对行业从业者、行业协会、法律等网贷行业从业人员进行深入访谈，对样本平台进行实地考察，对网贷出借人进行调查等。

3. 定性与定量研究相结合

本章对采集预处理之后的数据进行诸如层次分析、聚类分析、对比分析、回归分析等统计分析，通过专业统计分析软件得出统计结果，并根据数据结果和相关资料作出相应的判断和预测，以量化研究确保分析与预测的科学性、客观性和精确性。而对于一些无法量化的有用信息，本章采用一定的定性研究方法，主要凭借分析者的经验和各样本网贷平台过去和现在的延续状况及最新的信息资料，对网贷平台及市场的特点、发展变化规律等作出归纳及判断。

2.2　网络借贷平台基本概况

2.2.1　行业市场结构及行业周期

行业的市场结构是指市场竞争或垄断的程度。现实经济中各行业的市场结构都是不同的。根据决定行业市场结构的四个主要因素判断，目前的网络借贷行业是一个垄断竞争市场，详见表2－1。

表2－1　网贷行业的市场结构

市场结构分类因素	企业数目	产品差异度	对价格的控制程度	进退行业难易程度	典型行业
完全竞争	很多	完全无差别	没有	很容易	农业
竞争垄断	很多	有差别	有一些	比较容易	网络借贷、轻工业

续表

市场结构分类因素	企业数目	产品差异度	对价格的控制程度	进退行业难易程度	典型行业
寡头垄断	几个	有差别或无差别	相当程度	比较困难	钢铁、汽车、石油
完全垄断	一家	唯一的产品，且无相近的替代品	很大程度，但经常受到管制	很困难，几乎不可能	公用事业

首先，到2013年年末，虽然平台数目已达800余家，但每个平台所占市场份额都很小。从贷款余额来看，占比最高的网贷平台不到全行业的10%，而平均占比更是小于1%，行业内企业的分布比较稀疏。其次，各平台不能单独决定市场利率，只能根据网贷行业的市场情况来制定本平台上借款标的利率。各平台可能还会借用一些活动来吸引出借人，如秒标、投标奖励等。再次，各平台标的业务情况不完全相同，如标种（信用标、担保标、抵押标、流转标等）、期限（秒标、天标、月标等）等均有一定差别。行业内存在个别子领域上的佼佼者，也出现了一些有一定规模和口碑的全国性网贷平台，但总体上平台彼此间仍是非常接近的替代品。最后，目前行业无明确监管，市场的壁垒很低，可以自由进入和退出。同时，系统模板商的出现也极大地降低了行业的进入壁垒，虽然壁垒很低，但平台进出的影响却不容忽视。传统行业企业的退出往往只会对少数经销商造成一定的财产损失，而网贷平台的经营不善或者恶意跑路将会给广大的出借人带来财产甚至精神损失，同时平台经营者也承担着法律风险。

行业的生命周期，即行业自身发展所处的阶段性，决定了行业整体发展趋势。一般而言，每个行业都要经历一个由成长到衰退的发展演变过程，可以分为幼稚期、成长期、成熟期和衰退期四个阶段。识别行业生命周期所处阶段的主要标志有：市场增长率、需求增长潜力、产品品种数量、竞争者数量、市场占有率状况、进入壁垒、技术革新、用户购买行为等。

网络借贷作为一个诞生没多久的新兴行业，只有为数不多的公司投资于这个行业。初创阶段由于行业的投资及研发费用较高，而产品市场需求相对狭小（因为大众对其尚缺乏了解），营业收入较低，这些初创公司财务上可能不但没有盈利，反而普遍亏损。平台企业还可能因财务困难而引发破产的危险。这一时期，市场增长率较高，需求增长较快，技术变动较大，各平台主要致力于开发新用户、占领市场。但此时，在技术、市场和政策上有很大的不确定性，在产品、市场、服务等策略上有很大的余地，企业对行业特点、行业竞争状况、用户特点等方面的信息掌握不多，进入壁垒较低。种种迹象表明，国内的网络借贷行业仍处于行业生命周期中的幼稚期，但正在逐步摆脱“幼稚”，迈向“成长”。网络借贷行业所处的行业生命周期见图 2－1。

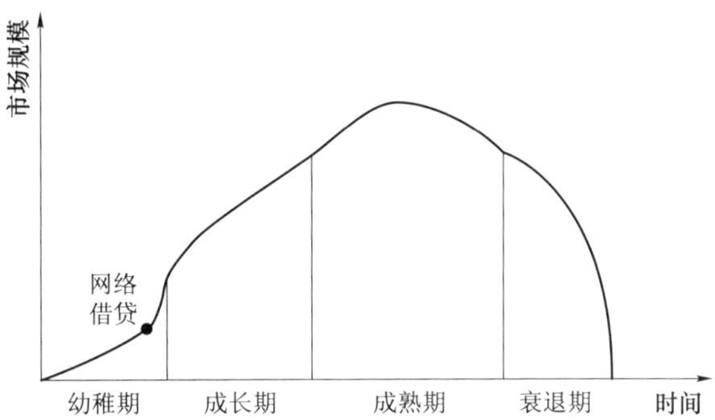

资料来源：网贷之家

图 2－1　2013 年网络借贷行业所处的行业生命周期

2.2.2　平台数量及分布

2.2.2.1　平台数量

据网贷之家搜集的数据和从其他渠道了解的信息测算，2013 年网贷平台数量在 800 家左右，且新平台上线的速度在持续加快，平台数量以每年 4.31 倍的速度高速增长，见图 2－2。虽然 2014 年关于网贷行业的监管政策有可能落地，平台的增长速度可能会因此放缓，但两倍以上的增长仍然是可以期待的。随着互联网技术的普及，业务具有高度相似性的小贷公司和典当行将会逐渐进入到网络借贷行业，均为 7 000 家左右的小贷公司和典当行，为未来网贷平台数量的继续高速增长提供了空间。

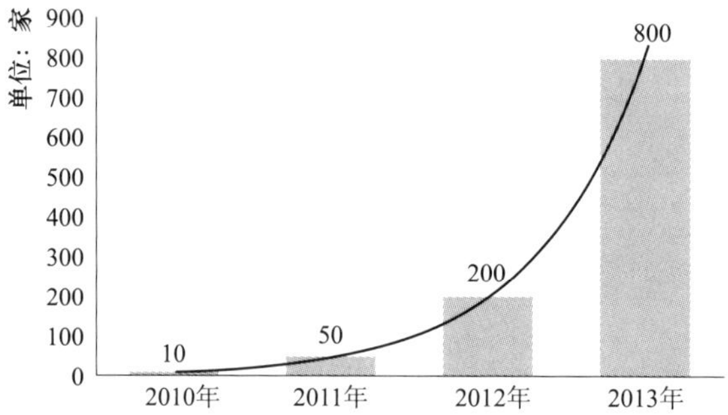

数据来源：网贷之家

图2－2　网贷平台数量

2.2.2.2　平台地域分布

网贷平台的分布呈现一定的地域性。我们选取了450家有详细资料的网贷平台，统计发现，平台主要分布在广东、浙江、山东、江苏、北京、上海，见图2－3。第一梯队是广东和浙江，占全国网贷平台数量的39%以上；第二梯队是江苏、山东、北京和上海，占比在6%～9%之间，以上几个以沿海省市为主的网贷平台占全国平台的70%以上。分析这些地域，具备下列特征：（1）经济发达，具有一定数量和规模的个体户和民营企业；（2）民间借贷历史悠久，具有比较广泛的线下借贷基础；（3）呈现出二元金融现象，即传统银行渠道利率和民间借贷利率，互联网线上利率与线下理财利率之间均具有一定的利差。基于以上几点特征，这几个省市出现了大量的网贷平台。

在广东的平台中，又以深圳的平台数量为最，这也与其城市的特质有关。创新思维和服务精神，使得深圳这个城市出现了许多网贷行业中的“第一”：第一个提出本金垫付的平台，第一个银行系统的网贷平台，平台数量第一，成交量第一，活跃出借人数第一。福建作为经济较发达省份，网贷平台数量就远远小于其他沿海省市。中部几个省市的网贷平台数量也比较多，与当地传统金融行业欠发达的情况有关，民间借贷的互联网化在这些省市将有更大的发展空间。西部和东北部的网贷平台数量相对较少，这些省份的市场还有极大的培育空间。辽宁、河北、内蒙古等的小贷公司数量较多，未来也有可能会出现更多的网贷平台。

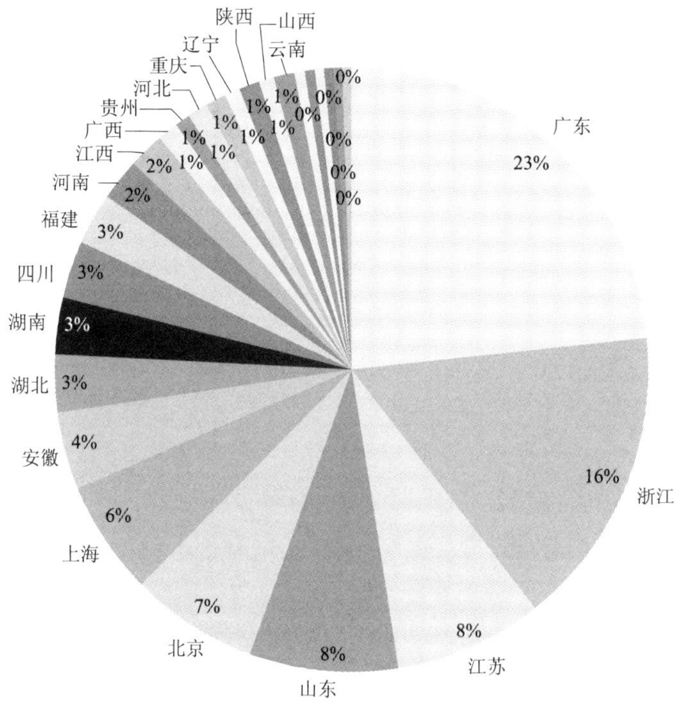

数据来源：网贷之家

图 2-3　450 家网贷平台的地域分布

2.2.2.3　平台模式分布

在第一章，我们对网贷平台的商业模式作了简单阐述。据不完全统计，目前国内市场上公开宣传不垫付借款标出借本金的网贷平台仅有拍拍贷和点融网，其他的均为有担保机构或风险准备金进行垫付的平台。不同模式的平台数量分布见图 2-4。可以看出，接近两成的网贷平台号称与担保公司合作对借款标进行担保（是否具备担保效力有待商榷），26% 的网贷平台建立了一套风险准备金制度以应对逾期（是否真实透明有待商榷）。另外，超过半数的网贷平台声明对逾期标本金垫付，但具体垫付的制度并没有建立起来。这部分平台多数是这两年快速切入这一行业意图分一杯羹的小平台，对于网贷平台的发展形势及运营风险的认识尚不足，自身抗风险能力也较差，未来随着行业两极分化日趋严重，这部分没有良好运行机制的平台，有可能会被市场淘汰掉。

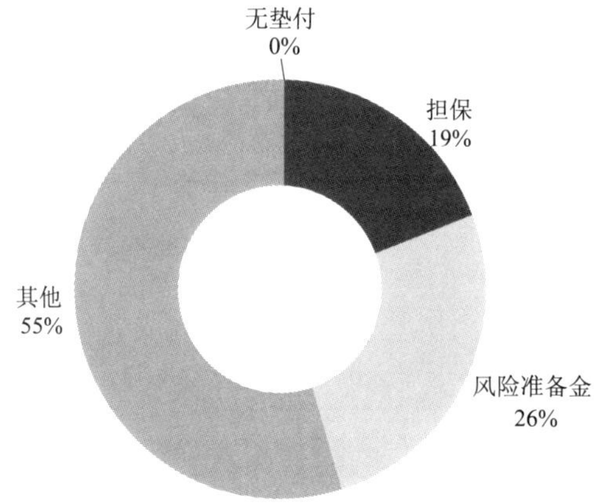

数据来源：网贷之家

图2-4　按垫付模式的网贷平台数量分布

2.2.3　平台公司信息

2.2.3.1　平台公司注册资金

我们搜集了450家网贷平台负责其运营的公司的基本信息。数据显示，450家公司的注册资金分布在10万元到4亿元之间，平均注册资金为1 357万元，以1 000万元和500万元的居多，5 000万元（含）以上的平台数量仅为36家，见图2-5。注册资金最多的是平安集团旗下的陆金所，注册资金4亿元。但注册资金并不是衡量平台实力或影响力的主要标准，例如贷款余额逾10亿元的人人贷，其注册资金仅为600多万元。[1] 而另一方面，一定数量的平台通过垫资的形式虚报注册资金，这既有可能是作为金融企业的“面子工程”，也不排除个别平台为了迷惑不明真相的出借人。

2.2.3.2　平台公司员工数目

不同业务模式及规模的网贷平台，其员工人数也有很大差别。我们统计了37家深圳的网贷平台员工数目[2]，见表2-2。结果显示，这些网贷平台的

---

[1] 根据从北京市工商局官网（http：//www.hd315.gov.cn/）查询到的数据，人人贷注册资本为616.96万元。

[2] 根据深圳信用网（http：//www.szcredit.com.cn）公布的企业数据。统计的对象为该公司缴纳社保的员工人数，可能与实际人数有差异。

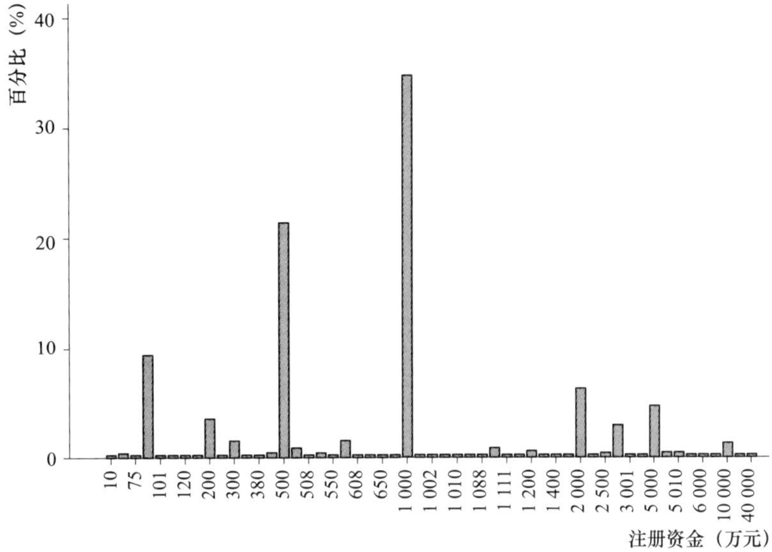

数据来源：网贷之家

图2－5　网贷平台注册资金分布

员工人数从个位数到上百不等，也有部分平台其员工挂在关联公司旗下，而平台运营公司名下无员工，见图2－6。平台员工数目主要在50人以内，平均值为22人。深圳的网贷平台基本上是轻资产型的公司。

表2－2　深圳网贷平台员工人数

平台名	运营公司	员工人数
融资城	深圳市融资城电子商务有限公司	161
合拍在线	深圳市合拍在线电子商务有限公司	62
融金所	深圳市融金所投资管理有限公司	61
人人聚财	深圳市人人聚财电子商务有限公司	56
红岭创投	深圳市红岭创投电子商务股份有限公司	50
钱爸爸	深圳市钱爸爸电子商务有限公司	40
金海贷	深圳市金海贷金融服务有限公司	39
万家兄弟	深圳市万家兄弟电子商务有限公司公司	35

数据来源：深圳信用网

另外，我们也注意到，员工人数居前的平台，也是在业内做得有一定规模和名气的网贷平台。可见，网贷平台要做大做强，离不开人才的聚集。

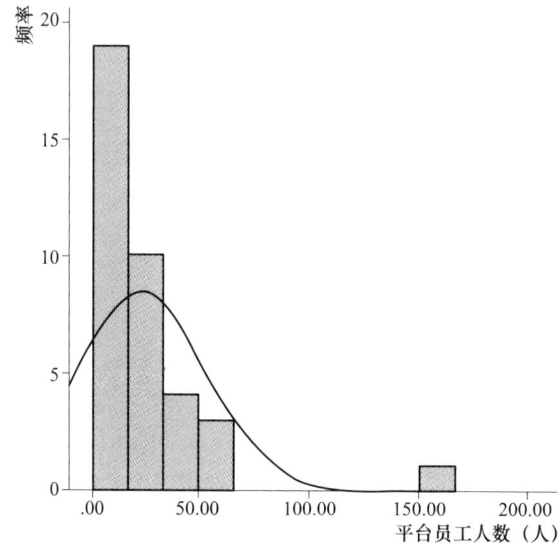

数据来源：网贷之家

图2-6　深圳平台员工人数分布

目前国内贷款余额较大的网贷平台，多数依靠O2O（线上对接线下）的形式对接借款人和出借人，所以平台也需要大量的线下人员去开拓借款人业务。据非平台官方的数据显示，需要在线下开发借款人或加盟商的人人贷员工数目已达3 000人，❶ 你我贷和新新贷的员工数目近千人，陆金所的员工人数也有近500人。相比全球首家网贷平台Zopa，其员工数目仅45人，国内网贷平台的运营和风控模式还比较原始、粗放，人均产值还较低，还有极大的空间运用互联网技术去优化运营效率。

2.2.3.3　平台公司员工职能

在平台员工职能分类上，我们选取了16家进行了实地考察的网贷平台做统计。结果显示，网贷平台的人员构成里以市场和业务开发的人员数目最多，

❶ 《人人友信估值40亿元　1.3亿美元A轮融资完成》，http：//money.163.com/14/0110/01/9I6KT1C900253B0H.html。

而 IT 技术人员配置相对较少，甚至有部分平台仅有一到两位运维人员，这也是目前多数网贷平台的软肋，见图 2 –7。因为平台间竞争激烈，维护出借人关系的客服在网贷平台中就显得异常重要。客服是平台的一扇窗口，所以已经成为网贷平台的标配，也是人员数目较多的一个部门。同时，我们注意到，网贷平台也有数量不小的财务人员，究其原因，主要是目前多数平台尚未实现资金第三方托管，需要财务人员对账以及提现打款。这些人员配置是目前网贷平台的主流配置，但随着行业竞争的加剧，IT 技术人员的配置比例肯定需要逐步提升。

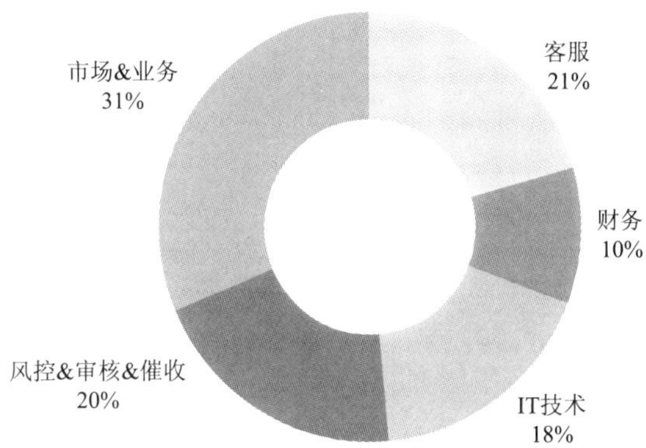

数据来源：网贷之家

图 2 –7　网贷平台员工职能配置

2.2.4　平台运营指标

2.2.4.1　平台营业收入及利润

网贷平台的显性营业收入主要有借款管理费、利息管理费以及其他费用（VIP 会费、材料审核费用、充值提现费用等），其中借款管理费占比最大。借款管理费是平台对成功满标的借款人收取的服务费用，一般为借款总额的 0.2% ～ 1% 不等。据不完全统计，借款管理费占到了平台营业收入的 70% 以上。如果平台公开的服务费率标准真实且无其他隐性收入，根据费率以及成交量，我们可以粗略估计多家网贷平台的营业收入，见图 2 –8。但是，因为有利息管理费和其他费用的存在，部分平台的实际营业收入可能高于测算值。

与其业务规模相匹配的是，陆金所的营业收入遥遥领先于其他网贷平台，年收入已突破2亿元，借款人资金成本和出借人收益率之间较大的差距是其营业收入的主要来源，目前其收入也足以覆盖坏账带来的本金垫付。其他网贷平台的年营业收入分布差异也非常大。证大集团旗下的运营多年的证大e贷，一直不温不火，营业收入也非常微薄。而老平台畅贷网，因为成交量和人气的相对低迷，收入情况也差强人意。拥有较高营业收入的平台才有资本去扩充团队和业务规模，营业收入也是网贷平台间比拼的重要指标，所以已经具备优势的平台在未来的优势可能会更加明显。

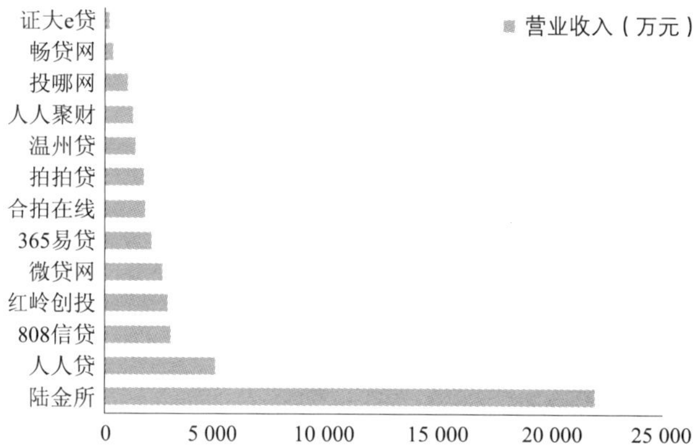

数据来源：网贷之家

图2-8　网贷平台营业收入

平台的其他费用收入方面，VIP会费最早是由红岭创投发明的，用于充实平台收入以抵御逾期垫付的损失，在深圳的平台中比较流行。但随着行业竞争的加剧，后进的平台均以出借人0费用的方式给予垫付保障来吸引出借人，所以目前绝大多数平台无VIP会费，有VIP会费的平台在全行业占比不到3%。利息管理费是除借款管理费之外平台的第二大收入来源，一般是收取出借人获取利息的8%～10%，因为该费用来源于出借人，所以与VIP管理费类似，为了争抢为数不多的出借人群体，多数平台削减了利息管理费，抑或在上线初期暂免利息管理费，目前明确收取利息管理费的平台占全行业的9%。同样是出于出借人的体验考虑，更多的平台无充值和提现费用[1]，使这部分收

[1] 为防止信用卡套现，几乎所有平台对充值后15天内的提现收取一定比例的费用。

入更加微乎其微。

由于各网贷平台的业务模式不同，收入及成本情况也未详尽公布，网贷平台的利润率比较难估算。经与多家平台的实际接触了解，目前国内多数网贷平台看起来仍处于盈亏平衡甚至微亏的状态，但已经积攒了一定人气和规模的平台，其利润情况还是比较可观的。根据几家公布收入和成本的网贷平台的数据来看❶，部分网贷平台的毛利率高达 20% 左右，但这是建立在无坏账垫付的情况下的。平台的风控水平会实际影响平台的利润。但自身或高度关联企业不承担本金垫付责任的平台，其营业成本仅有运营费用。平台不关心风控和垫付，可以有更多的金钱和精力用在平台的推广和运营上，这种平台的互联网属性更强，短期内在众多平台中脱颖而出的可能性更高。2013 年风头正劲的有利网和爱投资均是如此。

2.2.4.2　平台杠杆

由于多数平台扮演了担保的角色，平台运营在无形中也存在着杠杆。目前，网贷行业仍处于无监管的状态，关于平台担保的性质和杠杆倍数仍无官方的定义。我们参照对融资性担保公司的监管办法，简单定义网贷平台的杠杆为：

$$平台杠杆=\frac{贷款余额}{平台注册资金}$$

目前，国内网贷平台平均贷款余额为 3 350 万元，平均注册资金为 1 357 万元，则平台平均杠杆倍数约为 2.5 倍。相比融资性担保公司一般 3 ～ 5 倍的杠杆，网贷平台的杠杆还比较中庸。35 家网贷平台在 2013 年年底的杠杆，见表 2 – 3。

表 2 –3　35 家网贷平台杠杆

平台名	杠杆
证大 e 贷	1.46
快速贷	1.94
E 速贷	2.39

❶ 根据联投网（https：//www.liantouwang.com/）、和信贷（http：//www.hexindai.com/）、E 速贷（http：//www.esudai.com/）等网贷平台公布的年报数据。

续表

平台名	杠杆
热贷网	2.60
通融易贷	5.23
爱贷网	5.41
民民贷	5.64
365 易贷	5.80
团贷网	5.88
慧财网	6.04
陆金所	6.08
汇通易贷	7.45
易网贷	7.97
万惠投融	8.84
草根新贷	9.02
新新贷	10.59
808 信贷	11.17
红岭创投	11.28
紫枫信贷	12.52
畅贷网	12.81
信融财富	20.56
宜人贷	21.79
投哪网	32.01
工商贷	37.55
互利网	37.55
盛融在线	39.57
合拍在线	43.24
微贷网	45.53
中宝投资	46.75
一起好	50.64
温州贷	59.34
人人聚财	65.12

续表

平台名	杠杆
开心贷	79.32
人人贷	199.55
拍拍贷	239.99

数据来源：网贷之家

值得注意的是，首先，对于一些不承诺垫付的网贷平台来说，其实是不存在杠杆的概念的，例如拍拍贷。其次，以上所列的杠杆并不就是网贷平台实际运营中的杠杆。以人人贷为例，其有专门的风险准备金和相应的担保机构来应对逾期，而且公司实际资金也远高于平台注册资金，实际杠杆肯定远低于表上的数字。最后，表2-3的平台杠杆都远高于整个行业平均杠杆，除了这些平台贷款余额高的缘故外，大量2013年新成立的小平台其贷款余额较小，但公司注册资金较高（注册资金500万元和1 000万元是主流，存在着平台通过短期垫资的形式虚造注册资金，从而实际资金实力无法核实），这些平台也拉低了行业整体的杠杆。

2.2.4.3　平台逾期率

目前，业内并没有官方、统一的逾期率计算方法，公布逾期情况的平台也为数不多。另外，各家平台逾期信息发布的标准也不统一。我们参照中国小额信贷发布的《个人对个人（P2P）小额信贷信息咨询服务机构行业自律公约》❶ 以及2013年上海市网络信贷服务业企业联盟发布的《上海市网络信贷服务业企业联盟网络借贷行业准入标准》❷ 里关于逾期率的定义，结合数据的可获取性和操作性，定义逾期率为：

$$\text{逾期率}=\frac{\text{逾期 90 天以上借款人未还本金总额}}{\text{120 天以前平台累计成交量}}$$

我们提取了18家公布具体逾期情况的网贷平台的逾期数据，筛选出逾期

❶ 中国小额信贷联盟：《个人对个人（P2P）小额信贷信息咨询服务机构行业自律公约》，http：//www. zhonghua-pe. com/2013/0903/61859. html。

❷ 上海市网络信贷服务业企业联盟：《网络借贷行业准入标准》，http：//www. sisa. net. cn/Details. aspx？typeid = 70&id = 1622。

90 天以上的逾期借款人，逾期人数和金额见表 2 –4。

表 2 –4 各平台逾期情况

平台名	逾期人数	逾期总额	平均单人逾期金额	平均最长逾期天数
365 易贷	245	35 188 240. 38	143 625. 47	703. 65
808 信贷	80	10 994 908. 55	137 436. 36	625. 78
E 速贷	182	24 980 439. 47	137 255. 16	761. 59
红岭创投	430	20 465 687. 7	47 594. 62	956. 10
汇通易贷	9	9 127 086. 44	1 014 120. 72	308. 33
开开贷	83	7 797 072. 6	93 940. 63	460. 18
宁创贷	1	1 010	1 010. 00	111. 00
拍拍贷	766	4 590 108. 28	5 992. 31	190. 24
圈圈贷	1	182 310. 11	182 310. 11	183. 00
人人聚财	9	46 604. 56	5 178. 28	489. 11
盛融在线	138	691 507. 32	5 010. 92	678. 01
煜隆创投	58	9 699 381. 99	167 230. 72	731. 95
速可贷	23	311 595. 96	13 547. 65	180. 00
通融易贷	7	2 943 484. 02	420 497. 72	388. 00
微贷网	68	3 518 533. 15	51 743. 13	544. 16
温州贷	8	450 062. 17	56 257. 77	382. 88
云贷网	9	91 985. 56	10 220. 62	337. 22
紫枫信贷	6	717 784. 13	119 630. 69	427. 17

数据来源：网贷之家

我们发现，拍拍贷、红岭创投、365 易贷的逾期人数较多。拍拍贷因为无垫付的模式，加上其没有强有力的催收手段，造成平台上借款人逾期情况严重，甚至有一些恶意逾期的“老赖”，虽然逾期人数多，但因为拍拍贷上人均借款金额较低，人均逾期的金额并不高。红岭创投因为运营多年，加上早年业务开发的困难，也累积了不少逾期借款人。

根据逾期总金额❶和我们统计的截至2013年12月31日的120天前的平台累计成交量，我们计算了平台的逾期率❷，结果见图2－9。

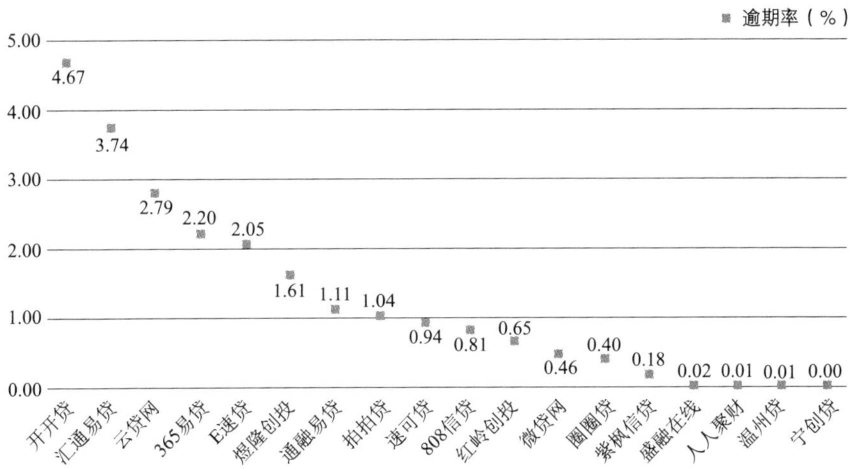

数据来源：网贷之家

图2－9　各网贷平台逾期率

部分平台会通过网页实时显示或以运营报告等形式公布逾期率，但因为各家定义不一样，不同平台间数据可比性会打一定的折扣，而且个别平台也可能会通过数据造假虚增成交量，数据的真实性也有待核实。另外，以上列举的平台，也存在因为业务形式调整，后续的借款标不再公布逾期情况的情形，可能会造成逾期率被低估。

目前，多数平台承诺本金垫付，出于宣传和吸引出借人的目的，所以并不积极主动地去公开逾期情况。但从行业透明和健康发展的角度看，公开这些信息是非常有必要的，我们也期待着网络借贷行业在市场调节和政策监管的作用下越来越规范。

---

❶ 逾期总金额可能包含已还金额，与真实逾期金额可能有些许偏差。

❷ 以2013年9月2日（含）之前的平台累计成交量为逾期率计算公式的分母项。

2.3 网络借贷平台的发展现状及趋势

2.3.1 平台贷款余额

根据网贷之家统计的数据测算，截至2013年12月31日，国内网贷平台的贷款余额约为268亿元，是2012年同期测算值的4.8倍，见图2-10。近年来，网贷平台的贷款余额均以平均每年5倍以上的速度增长。

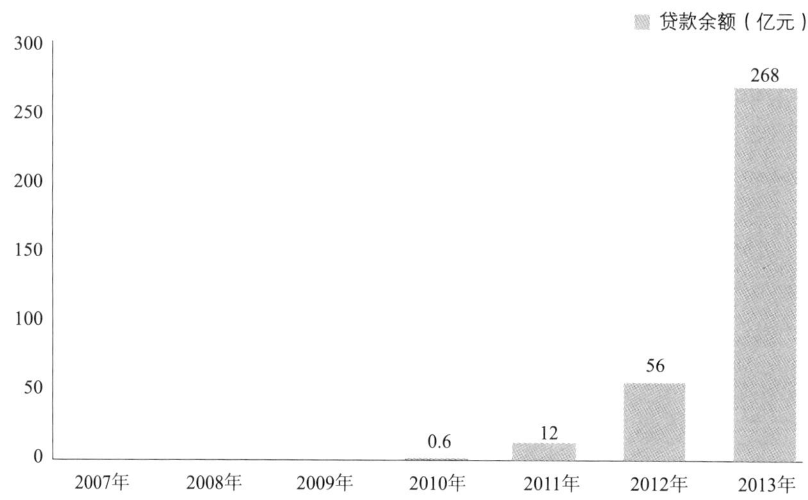

数据来源：网贷之家

图2-10 历年网贷行业贷款余额

除去银行存款，相比其他成熟的固定收益市场，网贷行业的规模仍然十分微小，见图2-11。但因为互联网的传播速度，网贷行业频频曝光于各类媒体；也因为隶属于互联网金融这个2013年最热行业的缘故，得到了政界和学术界的密切关注。目前，网贷行业体量虽小，但展示了未来发展的巨大空间。

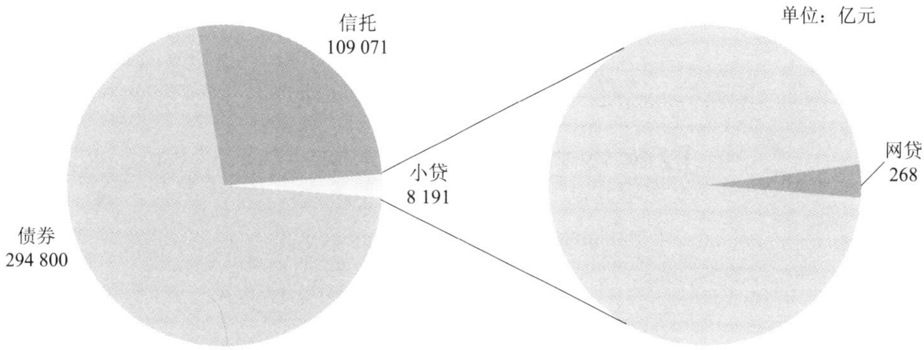

数据来源：网贷之家，中国债券信息网，中国信托业协会❶，中国人民银行

图 2－11　网贷行业与其他金融市场规模比较

为了进一步分析网贷平台的贷款余额情况，我们选取了全国 35 家 2013 年以前成立的有一定规模和代表性的网贷平台，平台列表见表 2－5。

表 2－5　35 家 2013 年以前成立的网贷平台

红岭创投	温州贷	微贷网
365 易贷	拍拍贷	陆金所
畅贷网	人人聚财	互利网
盛融在线	宜人贷	爱贷网
人人贷	通融易贷	易网贷
E 速贷	新新贷	工商贷
中宝投资	开心贷	一起好
808 信贷	团贷网	万惠投融
草根新贷	合拍在线	信融财富
汇通易贷	快速贷	民民贷
紫枫信贷	融信财富	证大 e 贷
慧财网	热贷网	

❶ 根据中国信托业协会公布的《2013 年 4 季度末信托公司主要业务数据》，http：//www.xtxh.net/。

这35家平台2013年的贷款余额为100.26亿元，占全行业的37.4%，其中陆金所一家就占了9.1%，见图2-12。虽然目前网贷行业仍是诸侯割据，还没有出现一家独大的情况，但网贷平台的互联网属性，注定了未来会出现明显的二八分化。

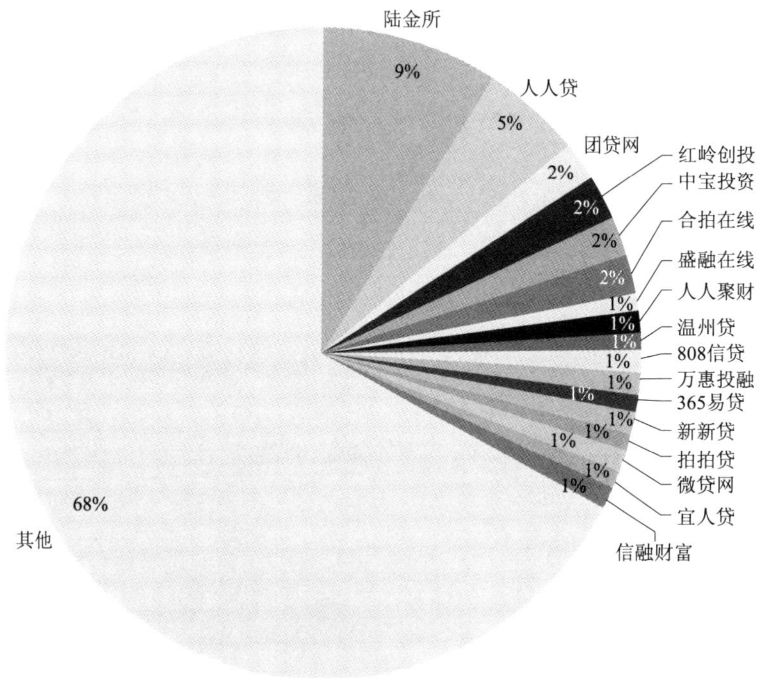

数据来源：网贷之家

图2-12　各网贷平台贷款余额在全行业占比

在出借人群体流行"打新"（在新成立3个月以内的平台上出借资金）的2013年，这35家2013年以前成立的平台，业务扩张并没有受到太大影响。借款人和出借人的需求均得到很好的匹配，日贷款余额处于稳步攀升的势头中，从年初的23.62亿元到年底的100.26亿元，贷款余额翻了4倍以上。尤其是下半年，增长速度明显加快，上半年的日均增长速度为3.4%，下半年则为4.6%。当然，这也离不开媒体的大力宣传，见图2-13。

2.3.2　平台成交量

根据网贷之家统计的数据测算，2013年全年国内网贷平台的累计成交量

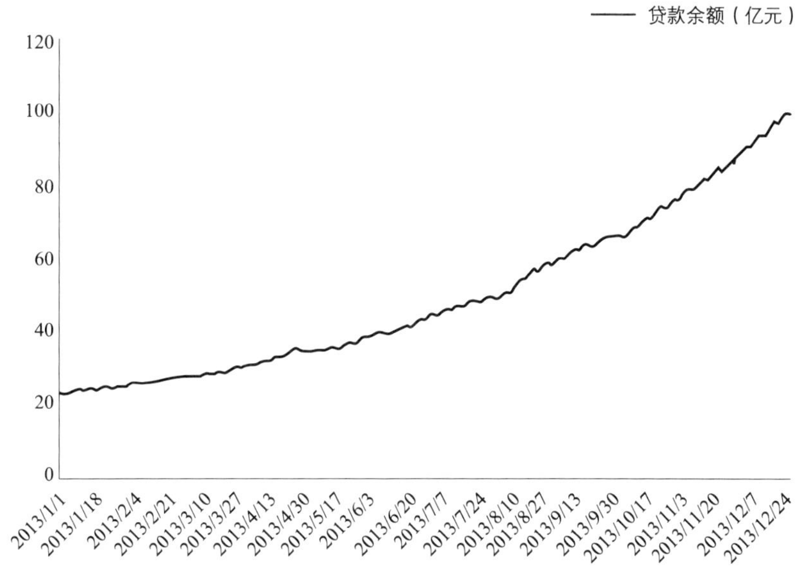

数据来源：网贷之家

图 2－13　35 家网贷平台 2013 年日贷款余额走势

为 1 058 亿元，是 2012 年累计成交量的 4.9 倍。近年来，网贷平台成交量以相比贷款余额增长率更高的速度在增长，见图 2－14。

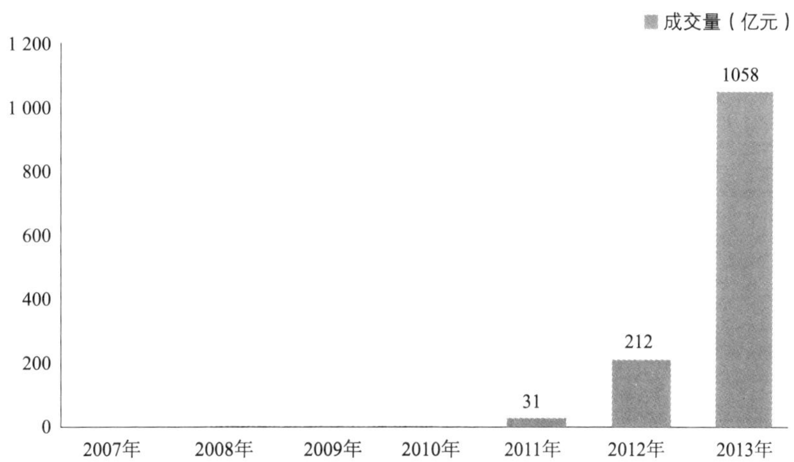

数据来源：网贷之家

图 2－14　历年网贷行业成交量

同样的，我们以上文列举的 35 家网贷平台为研究对象去进一步研究成交量情况。35 家网贷平台在 2013 年每日平均成交量走势见图 2－15。平台的成交量呈现出起起伏伏的脉冲式特征，这是因为多家平台周末休息不发标，以及春节、国庆等长假会有大幅回落的现象。上半年成交量比较稳定，基本每家平台日均成交 200 万元。随着互联网金融概念的引爆，下半年成交量开始逐步抬升，到年底时成交规模较半年前翻了一倍，行业得到了跨越式发展。

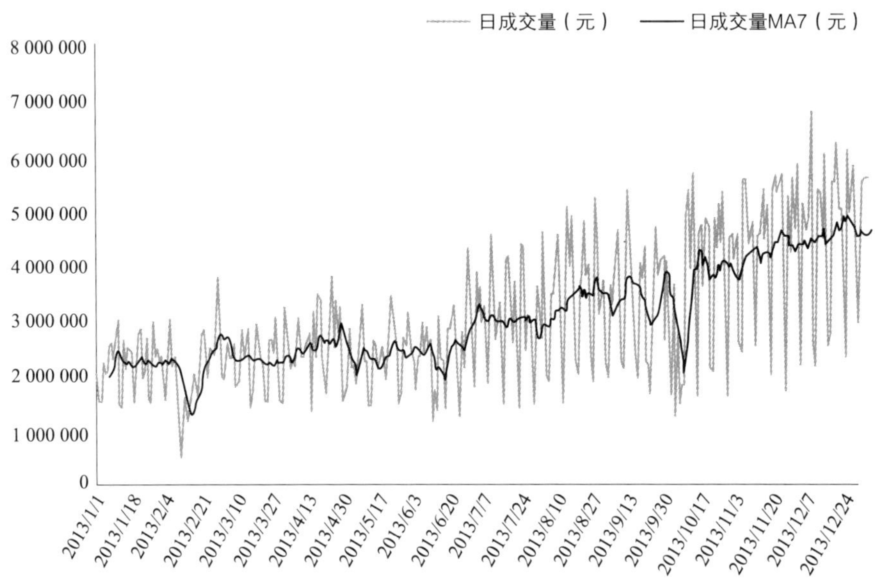

数据来源：网贷之家

图 2 –15　35 家网贷平台 2013 年日均成交量走势

35 家平台在 2013 年的成交总量为 382. 78 亿元，占全行业的 36. 18% 。占成交量前五位的分别是温州贷、盛融在线、合拍在线、陆金所和中宝投资，见图 2 – 16。与贷款余额不同的是，借款期限极短的温州贷成交量为行业之最，占比为 7. 3% 。背靠中科智的合拍在线，虽然没有在网络上大规模宣传，但也有足够强的人气，其借款标的金额较大，借款期限较短，2013 年的成交量也非常可观。陆金所依托平安集团，2013 年以来成交量增长势头非常迅猛。共有 12 家平台成交量超 10 亿元，而大部分平台全年成交量不超过 5 亿元。

我们更进一步地选取了 90 家有详细成交数据的平台（包含 2013 年上线的平台），借由平台运营公司所在地，统计出 2013 年网贷平台总成交量的地域分布图，见图 2 – 17。

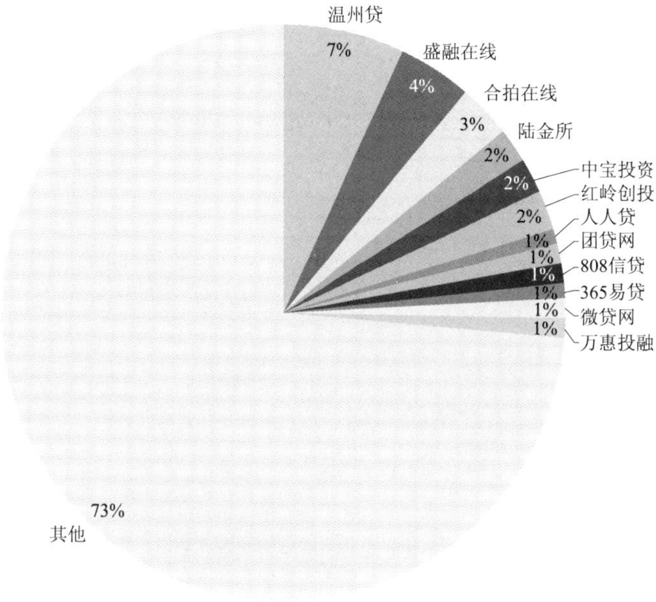

数据来源：网贷之家

图2－16　各网贷平台成交量在全行业占比

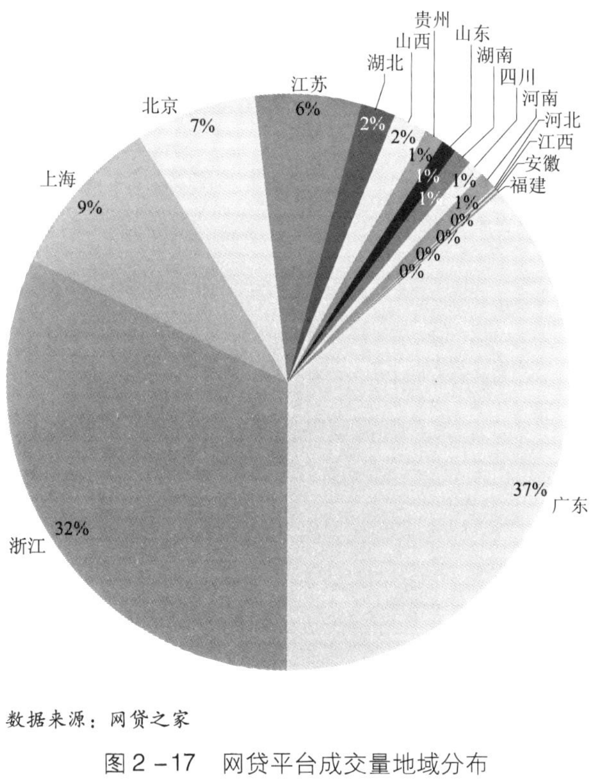

数据来源：网贷之家

图2－17　网贷平台成交量地域分布

可以看出，平台的数量也决定了广东和浙江平台的成交量最大，目前中国网贷的“发达”地区仍然在沿海一线，但经济较发达的福建的网贷体量却远逊色于其他沿海省份，西部和东北仍然是网贷平台“贫瘠”地区。

2.3.3 平台利率

利率是网络借贷的借款人、出借人双方供需关系的连接体，也是这个行业最敏感、最核心的指标之一。因为根据最高人民法院的司法解释[1]，民间借贷利率不得超过银行贷款利率的 4 倍，超出部分不予保护。所以，几乎所有的网贷平台上的借款标，标记的名义年化利率不会超过 24% 。但在实际民间借贷操作中，借款人承担的资金成本，超过 24% 的比比皆是。[2] 超出部分在线下通常以服务费或中介费的形式体现；而在网贷平台上，则以奖励的形式体现，而奖励又分为现金奖励和实物奖励。

奖励的来源一般有两部分：一是借款人需要承担的超过 24% 的资金成本；二是平台为了吸引出借人，自掏腰包以营销费用的形式返利给出借人。正因为奖励的存在，网贷出借人在衡量网贷投资收益时，除了名义利率外，还要估量奖励金额的大小。因此，我们以包含了奖励的收益率[3]来代替名义利率去研究网贷平台的实际利率。

根据 90 家网贷平台 2013 年的成交数据，测算出网贷行业的综合收益率[4]为 19. 67% 。而网贷平台收益率跨度也非常大，从 6% ～ 40% 以上不等。分析不同平台收益率的频率可以看出，出借人收益率分布主要集中在 15% ～ 20% 之间，仍有大量平台的出借人收益率在 20% 以上，因此不少借款人实际资金成本在年化利率 24% 以上，见图 2 - 18。

以 35 家 2013 年以前成立的网贷平台为研究对象去观察 2013 年每日综合收益率走势，见图 2 - 19，可以发现，综合收益率全年呈现先升后降的趋势。

---

[1] 《最高人民法院关于人民法院审理借贷案件的若干意见》第 6 条规定：“民间借贷的利率可以适当高于银行的利率，各地人民法院可根据本地区的实际情况具体掌握，但最高不得超过银行同类贷款利率的四倍（包含利率本数）。超出此限度的，超出部分的利息不予保护。”

[2] 根据对一些小贷公司电访得到的数据。

[3] 以本金投放、奖励发放、每期本金和利息回收得到的一系列现金流，计算出内部收益率，即为某借款标对应的收益率。

[4] 将每个借款标的收益率按成交量加权平均，得到该平台的综合收益率。

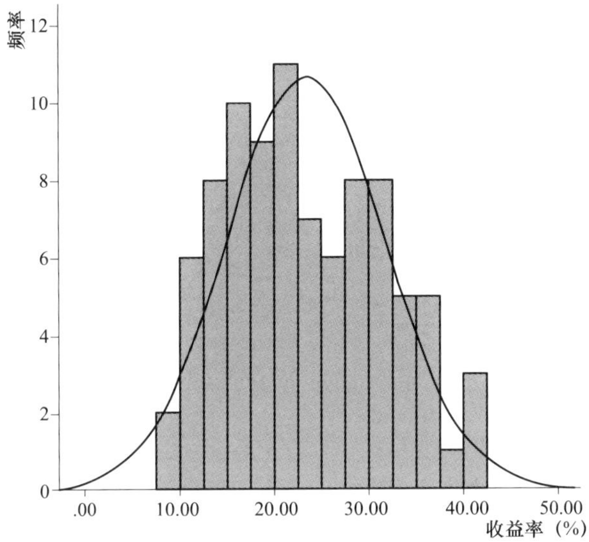

数据来源：网贷之家

图 2－18　网贷平台收益率分布直方图

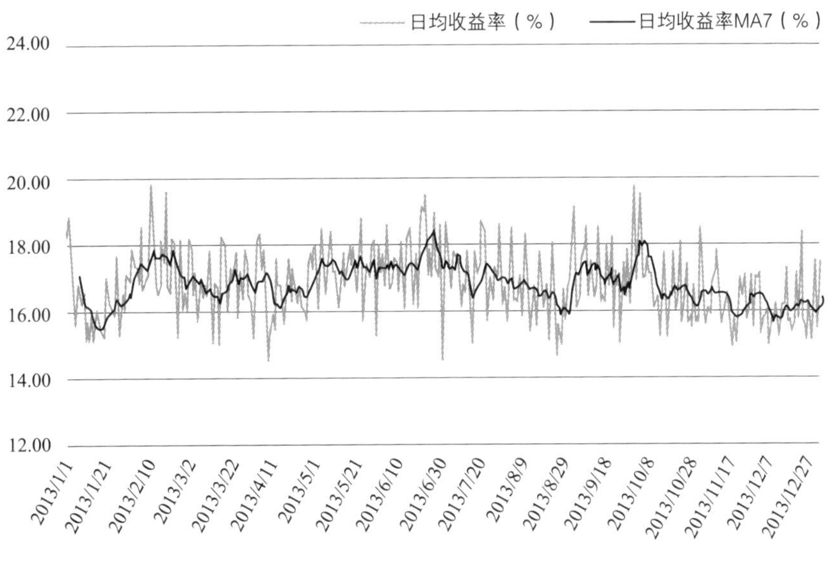

数据来源：网贷之家

图 2－19　35 家网贷平台 2013 年日均综合收益率走势

春节前收益率出现季节效应，陡峭攀升；随后在 16%～18% 的区间稳定波动，在 6 月、7 月达到一个全年的高平台；之后，随着平台的业务大幅扩张，以及大量出借人出借资金的需求，平台在有意识地下调收益率，特别是10月以来的“倒闭潮”，大批资金回流稳健型老平台，这些平台的收益率又下降了一个台阶。另外，每逢节假日，不少平台推出的活动秒标，会短期推高收益率，所以在春节、中秋、国庆均会出现一些收益率的尖峰。

另外，我们发现，2013年日均成交量和综合收益率这两个时间序列的相关系数为-0.35，收益率与成交量负相关，成交量越大，收益率越低。利率这个借贷双方供需关系的连接体，在网贷平台上基本实现了市场化。

2.3.4 平台借款期限

借款期限也是网贷平台的一项重要参数。根据90家网贷平台的成交数据，我们测算出网贷行业的平均借款期限[1]为4.73个月，与民间借贷期限一般在半年以内的事实基本吻合。

从平台数量的角度看，多数网贷平台的借款期限主要集中在4个月以内，其中期限2个月以内的平台超过半数。除了民间借贷借款期限短的缘故，也有部分平台是为了吸引出借人对借款标进行拆分。同时也存在少量平台，依托强大的背景和人气，发布长达2～3年的信用借款标，见图2-20。

从成交量角度看，借款期限在1个月以内（含1个月）的标成交量最大，占了行业的65%。这里面有借款人无法承受长时间高息和出借人偏好高流动性标的双重作用。网贷平台的借款目前还主要以短期借款为主，与传统金融机构较长期限的贷款形成了很好的互补，见图2-21。

另外我们还注意到，有9%的借款标的期限大于24个月，这主要是以陆金所为主，见图2-22。比较在行业中成交量居前的两个平台陆金所和温州贷，我们发现，两者在借款期限上可谓两个极端。陆金所个人小额信用贷款，超长的借款期限摊薄了借款人每期的资金成本。而温州贷主打短期资金周转，同时抓住了卡族（使用信用卡的人群）这个群体，在超短期借款标的循环往复下推高了平台的成交量。两个平台各有特色，也在纷杂的网贷平台中脱颖而出。今后的网贷行业，仍然会存在着低息、长期的经营性贷款和高息、短期的周转性贷款两个不同层面的平台。

[1] 将每个借款标的借款期限按成交量加权平均，得到该平台的平均借款期限。

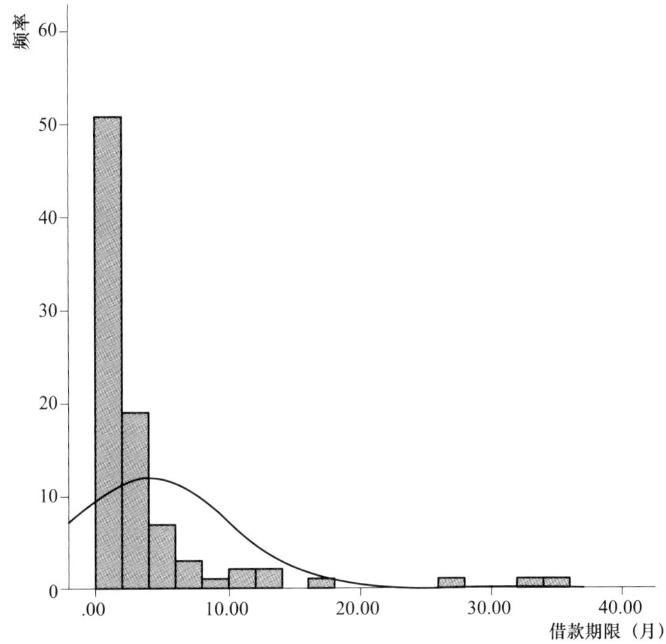

数据来源：网贷之家

图 2 -20　网贷平台借款期限分布直方图

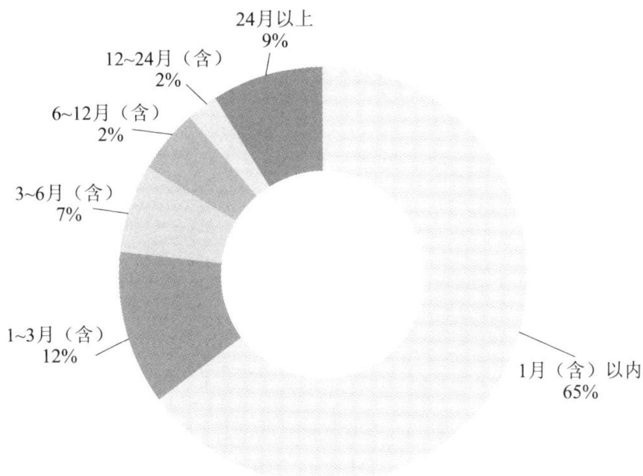

数据来源：网贷之家

图 2 -21　网贷平台 2013 年平均借款期限分布

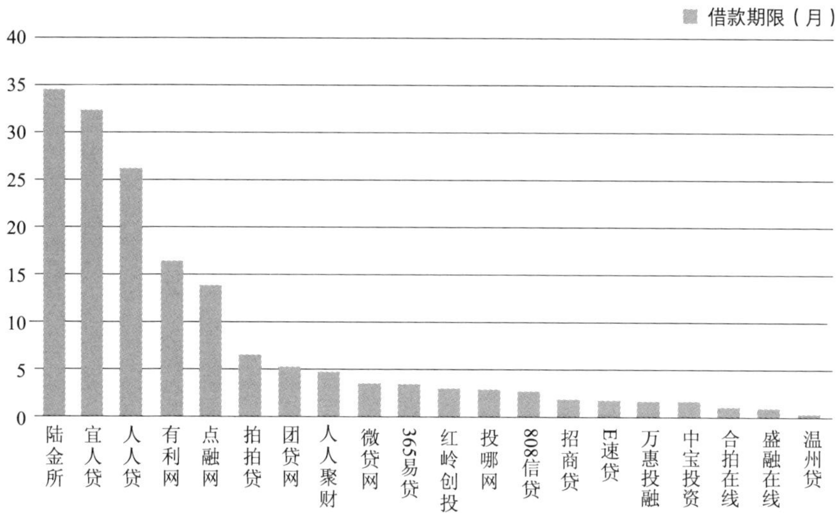

数据来源：网贷之家

图 2－22 各网贷平台借款期限

2.3.5 新平台趋势

随着2013年以来上线平台越来越多，平台之间的竞争越发激烈。如何吸引到出借人的资金，成了诸多平台日常运营的重心。而新上线的平台为了迎合出借人的需求，在借款标的选择上也别具匠心。因为出借人对新平台的资金安全性及运营水平不甚明了，在新平台上投资具有更高的风险，所以出借人更倾向于在新平台上投资短期标，即1～3个月标。我们也观察到新平台上线首月的平均借款周期显著缩短并稳定在1～3个月左右，见图2－23。

而高收益也是吸引出借人的另一项重要措施。2013年上线的新平台发布的借款标，除了标明的名义利率外，一般还会有额外的投标奖励。而通过高比例奖励吸引人气，已经成为2013年网贷行业的一个显著现象，见图2－24。

行业成交量的迅猛增长及人气高涨，搭配上新平台的短期限及高收益率，产生了2013年10月以前新平台上线首月成交火爆的现象。2013年上线的几个收益率较高的平台首月成交量，均远大于前几年上线的新平台首月成交量。新平台成交火爆，也反映了行业的资金流动在加快，资金聚拢效应明显，一个刚上线平台的成交量，都有可能大于一个已经稳定运营几年的老平台，平

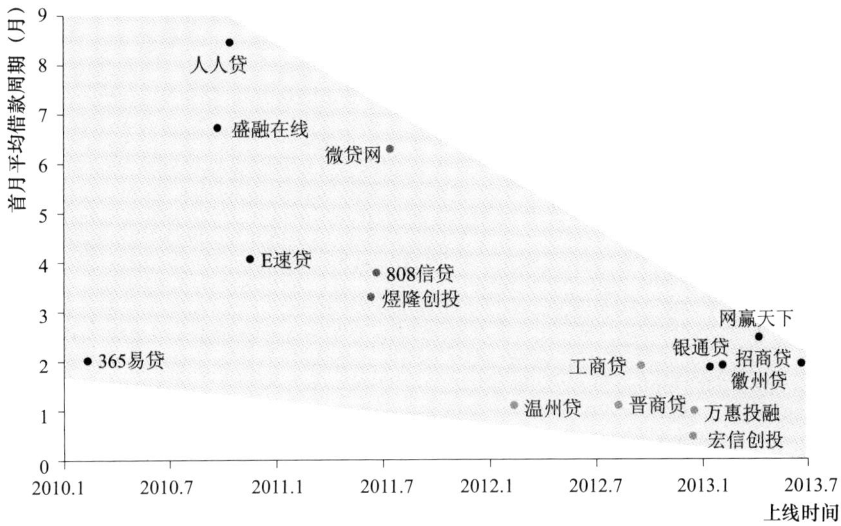

数据来源：网贷之家

图2-23 平台上线后首月平均借款期限变化情况

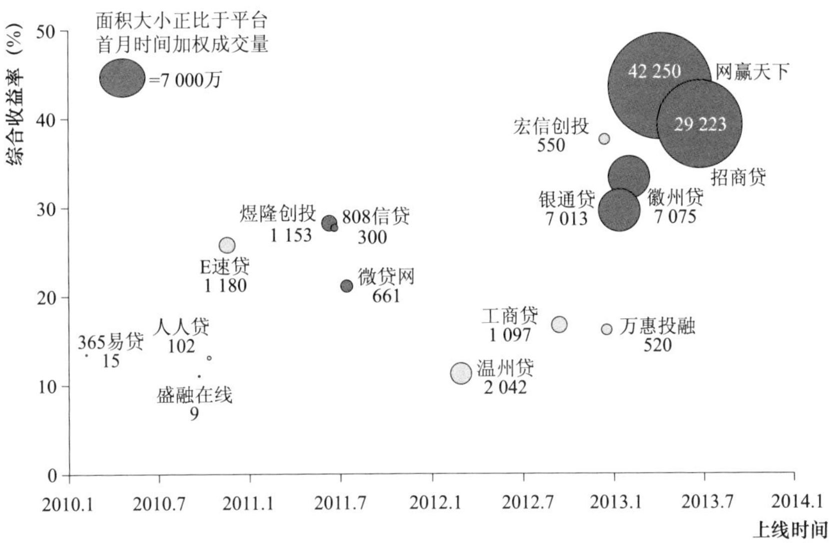

数据来源：网贷之家

图2-24 平台上线后首月综合收益和首月时间加权成交量情况

台首月交易额由几万元上升至亿元以上，见图2-25。

高收益、高流动性、高成交量这种高举高打的“三高”策略，让新平台可以更快地脱颖而出，获得更多人和资金的关注，但同时这种策略也伴随着

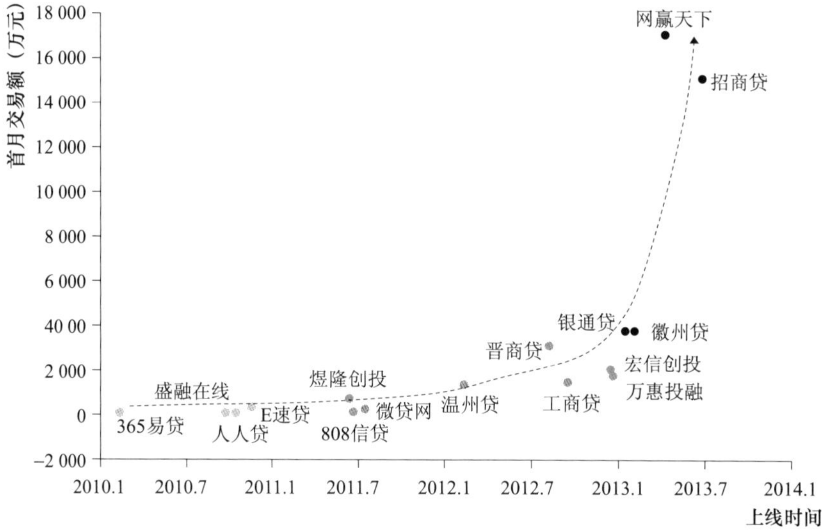

数据来源：网贷之家

图 2 -25　平台上线后首月成交量情况

很高的运营风险，图 2 -25 中出现的网赢天下即是一个典型的案例。该平台在运用高风险运营策略吸引了大批资金后，风险也如火山喷发般接踵而至，最后有大量出借人的资金无法偿还，涉案金额超 1.6 亿元，成为了 2013 年网贷行业第一大案❶。

2.4　借款人概况

2.4.1　借款人数量

借款人作为 P2P 债权债务关系的主体之一，是网贷平台融资链条上最根本的一个节点。因此，了解借款人群体的情况，并结合经济及市场情况分析，有利于网贷平台更好地进行借款人信用风险的控制。

❶ 谭冰梅：《“网赢天下”：P2P 网贷的死亡标本》，载《南方日报》2013 年 11 月 28 日。

根据网贷之家采集的 90 家平台 2013 年的成交数据显示，当年累计借款人[1]达 14.93 万人。其中借款人数最多的平台前三位是陆金所、人人贷、拍拍贷，累计借款人数占了所统计的 90 家平台的约 70%。陆金所和人人贷依托强大的线下网点，拍拍贷依托其纯线上流程，三家在借款人资源开发上占据明显的优势，见图 2－26。

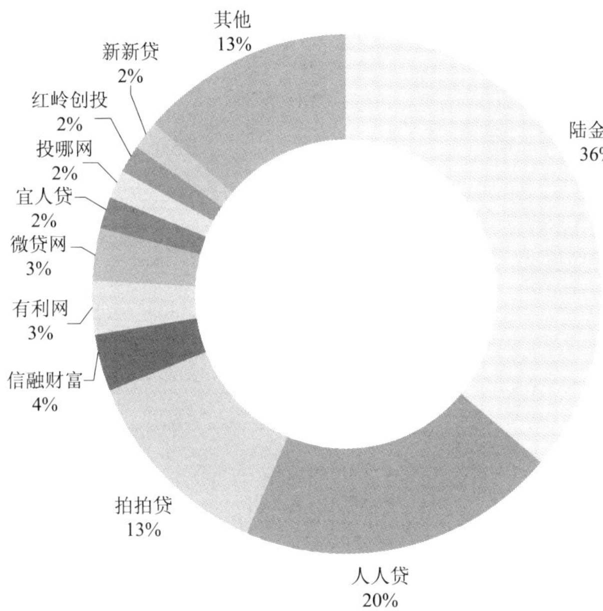

数据来源：网贷之家

图 2－26　各网贷平台借款人数占比

随着网贷行业的快速发展和平台业务的深入开展，各家网贷平台的累计借款人数均持续性增长。2013 年 12 月当月累计借款人数超 30 000 人，而当年 1 月初时还不足万人，月复合增长率高达 12.5%，见图 2－27。纵观网络借贷进入中国的这几年，越来越多的人通过这种新兴的技术手段获得了贷款。从 2007 年仅有拍拍贷一家的两位数借款人，到 2013 年十万量级的人数，借款人数呈现出指数式的增长。2013 年更出现了爆发现象，全年累计借款人数是 2012 年的 8 倍以上，见图 2－28。可以预计，随着行业的不断扩张，网贷

[1] 某一时间至少有过一次借款行为的借款人，可能存在重复借款和跨平台借款，人数统计可能重复。

平台借款人的数量将会不断翻番，网贷平台也将能更好地为有资金需求的个人和小微企业服务。

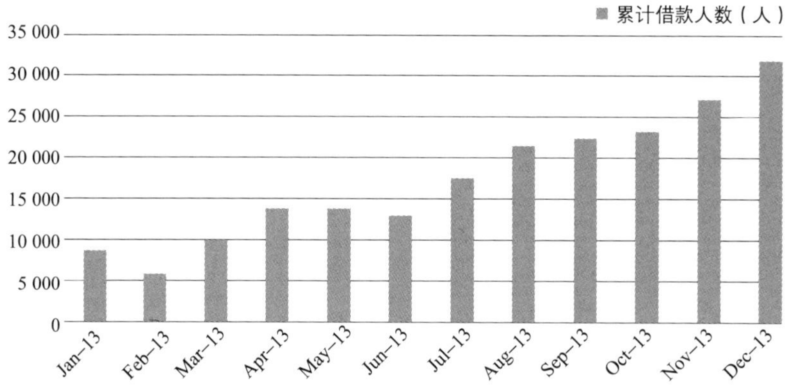

数据来源：网贷之家

图 2－27　2013 年网贷平台累计借款人数

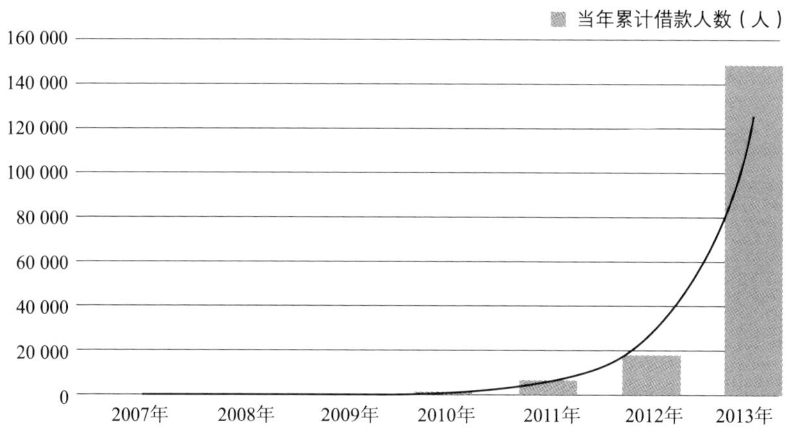

数据来源：网贷之家

图 2－28　历年网贷平台当年累计借款人数

2.4.2　人均借款金额

2013 年 90 家网贷平台的人均借款金额[1]（包括多次借款）为 32.84 万

[1] 人均借款金额＝总借款金额/累计借款人数

元，金额高于通常的个人信用借款额度，这是由于多数网贷平台涉及了大额的抵押贷款和小微企业贷款。各家网贷平台，因其业务模式的不同，人均借款金额差异较大。

我们选取了几家有代表性的网贷平台进行比较，见图2－29，从中发现，人均借款金额可谓天差地别。以个人信用贷款为主的拍拍贷、人人贷及陆金所，其风控的思路在于小额分散，小额是保证收益可以覆盖损失，分散是对冲风险。所以这些平台的人均借款金额不会太高，均在10万元以下。其中拍拍贷因为线上风控的缘故，其借款人又是整个行业里最尾端的部分。网贷平台引入抵押或质押后，人均借款金额得到了提升。以车辆抵押贷款为主的投哪网、微贷网，因为车辆的金额以及抵押率的限定，人均借款金额均在20万元左右。以房产抵押贷款为主的国诚金融，人均借款金额为60多万元。在网贷平台涉及企业融资后，借款金额相较个人贷款金额更大。以企业经营型或周转型借款为主的爱投资和万惠投融，其人均借款金额甚至逼近千万元，见表2－6。从拍拍贷的人均2万元到万惠投融的人均900万元，目前，国内的网贷平台除了大型企业以及大项目融资外，已基本覆盖了多层次的融资需求。

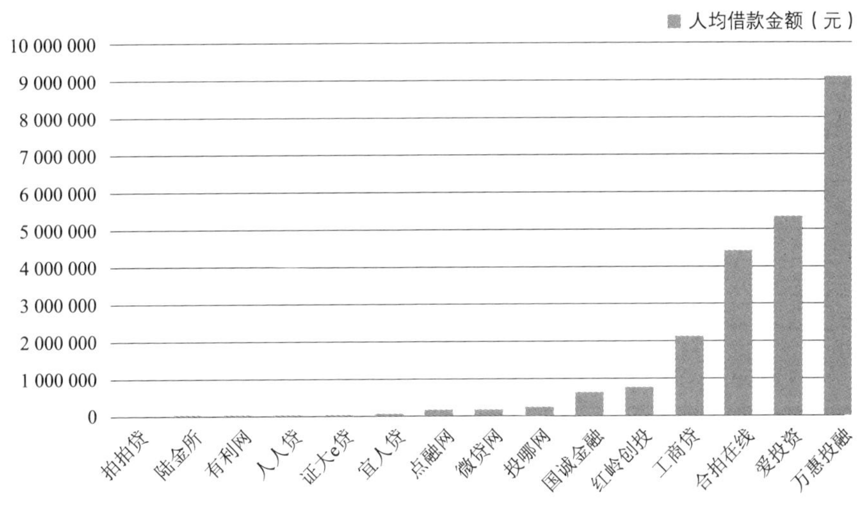

数据来源：网贷之家

图2－29　各平台人均借款金额

表 2-6 各平台业务类型及人均借款金额分类

平台	业务类型	人均借款金额
拍拍贷	个人信用贷款	小于 10 万元
陆金所		
投哪网	个人车辆抵押贷款	20 万元
微贷网		
国诚金融	个人房产抵押贷款	60 万元
爱投资	企业经营贷款	500 万元
万惠投融	企业周转贷款	900 万元

数据来源：网贷之家

目前，国内多数网贷平台的借款人以企业借款为主。企业借款多为抵押借款，主要用于经营和短期周转，企业借款人有如下特点：

（1）借款人都是非上市的私营或集体企业（包括了个体户、股份制有限公司），也就是以小微企业为主，而国企、央企、上市集团和外资企业目前鲜有涉及网贷平台的。这些企业有政府的支持和银行的青睐，可以低息融到资金，自然不会选择通过民间借贷融资。目前来自民间借贷的力量是网贷平台中的主流，所以我们会在网贷平台上看到许多跟企业融资相关的借款人，这也反映了目前国内小微企业的融资困境。

（2）企业借款人以短期周转借款为主。网贷平台的高利率决定了企业无法承受长期借款，在网贷平台借款的企业的资金用途多是短期周转型，而较长期的经营型借款还是主要来源于较低息的银行渠道。当然，也有部分已在银行获得贷款或银行不批贷的企业通过网贷平台来进行经营性资金的融资。这类企业又呈现两种维度：一是个体户或小微企业，无法在商业银行获得足够额度贷款和授信的；二是部分银行禁止放贷的行业，例如房地产和钢贸行业。

同时，由于部分在银行无法获取贷款的企业借款人利用网贷这个新兴行业暂无政府监管这一特性来进行监管套利以获取资金，网贷也成了这些企业延续最后生命的稻草。故行业内也出现了大量企业自己开平台融资的自融平台，通过拆东墙补西墙来维持运营，其中出现问题的网赢天下就是一个典型的代表。

2.4.3　借款用途

我们以借款人信息披露较全的人人贷为例，分析借款人的资金用途。在人人贷的借款中，接近半数人的资金用途为短期周转，这从侧面反映了网贷平台作为目前传统金融体系的补充，可以较好地多元化借款人的资金来源。另外，我们也注意到，个人消费和投资创业也占有不小的比重，从而网贷平台还可以帮助借款人改善生活质量和助力事业发展，见图2－30。

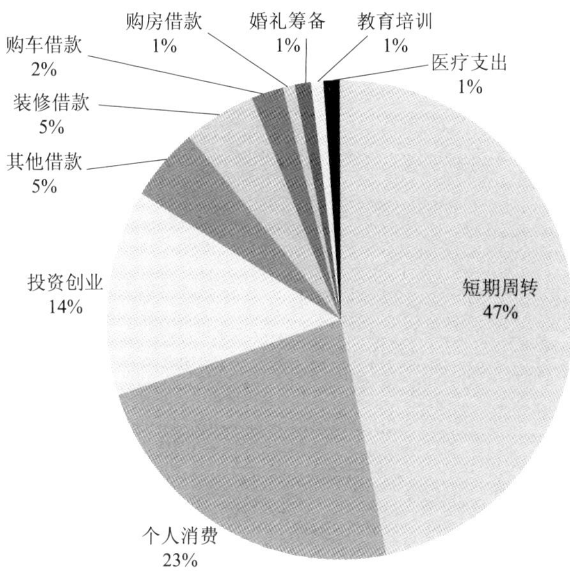

数据来源：人人贷❶，网贷之家

图2－30　借款人借款用途分布

2.4.4　借款人属性

同样以人人贷为例，我们统计了2013年全年的人人贷成交数据，获取了

❶　网贷平台人人贷，http：//www.renrendai.com/。

32 635 位不重复的借款人信息。针对性别、年龄、婚姻状况、所在地、行业、学历、所在公司规模、收入、工龄、逾期情况等进行了统计。

在众多借款人中，男性占据多数，比例达 76. 3% 。这与目前国内多数企业主为男性的情况相符。而女性贷款，尤其是女性的个人消费贷款则还是一片值得开垦的蓝海，见图 2 －31。

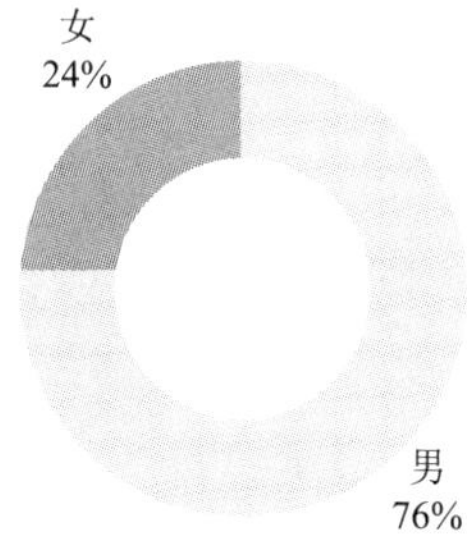

数据来源：人人贷，网贷之家

图 2 －31　人人贷借款人性别分布

图 2 －32 是人人贷借款人中不同年龄的人数分布。可以看出，从 20 岁开始，随着年龄的增长，有借款需求的人越来越多，也说明这个年龄段的人，随着临近“而立”之年，创业或对资金的需求不断增加。借款人数在 30 岁左右达到一个顶峰，许多人在这个年龄需要一笔资金进一步发力或者重新规划自己的事业。之后，随着年龄的渐长，冲击事业的意愿逐渐减弱，借款需求也在逐步减少。

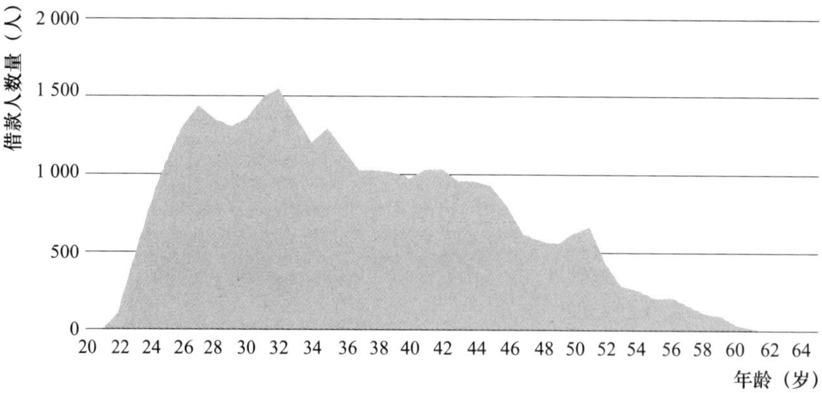

数据来源：人人贷，网贷之家

图 2 －32　人人贷借款人年龄分布

在借款人的学历中，大专生接近半数，本科及以上学历仅有22%，见图2－33。虽然高学历人群更能接受在互联网上借款这一新概念，但以目前国内网贷行业发展的状况来看，多数平台还是以“线下借款人＋线上出借人”的O2O形式运营，线下借款人可以在平台业务员的指导下发标，或者平台代为发标，这对借款人计算机和网络的操作要求就不会很高。高学历人群容易有较稳定的工作和收入，对借款的需求也不如缺乏太多资金渠道的本科学历以下的创业人士。当然，网贷的另一正面意义也在于帮助这些想创业但缺乏资金的人实现他们的设想。

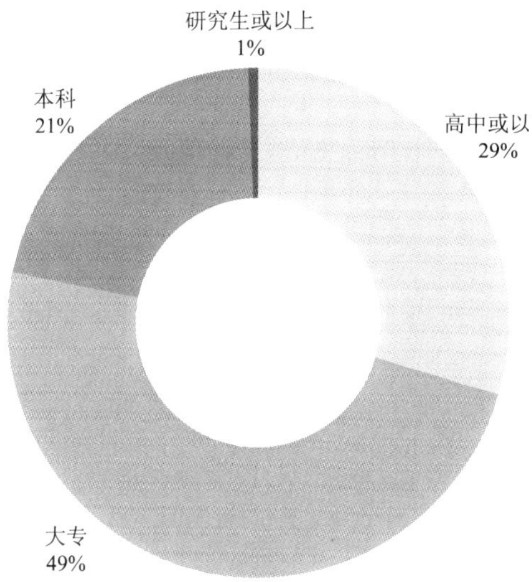

数据来源：人人贷，网贷之家

图2－33　人人贷借款人学历分布

已婚借款人也占据了多数比例，这也许与有资金需求人士的年龄以及平台风控体系有一定联系，见图2－34。

因为人人贷是一家全国布局的平台，所以其借款人的地域分布比较广泛，基本上中国大陆每个省份均有人在人人贷平台上借过款，见图2－35。其中山东、河南、湖北的借款人数居多。虽然有人人贷业务在不同省份业务开展力度不同的原因，但也与这些地区长期以来民间借贷需求旺盛有关。反而人人贷总部所在地北京的借款人数偏少，可能是由于北京金融业较发达，资金渠道比较丰富。而西部省份的借款人数较少，则与经济欠发达或有一定关系。

综观整个中国网贷行业，多数平台目前还是以总部所在地为主要根据地，

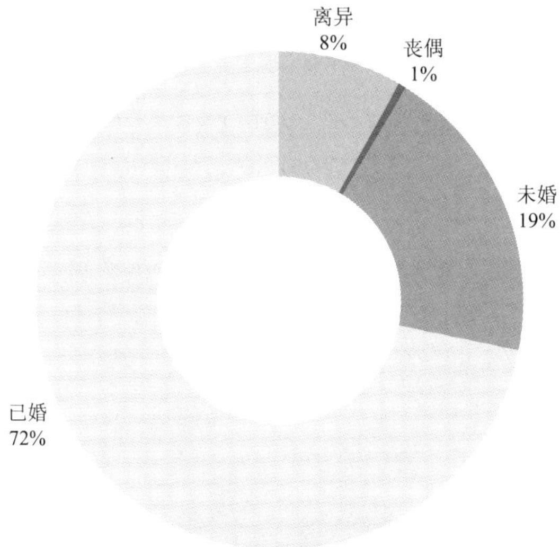

数据来源：人人贷，网贷之家

图 2-34 人人贷借款人婚姻情况

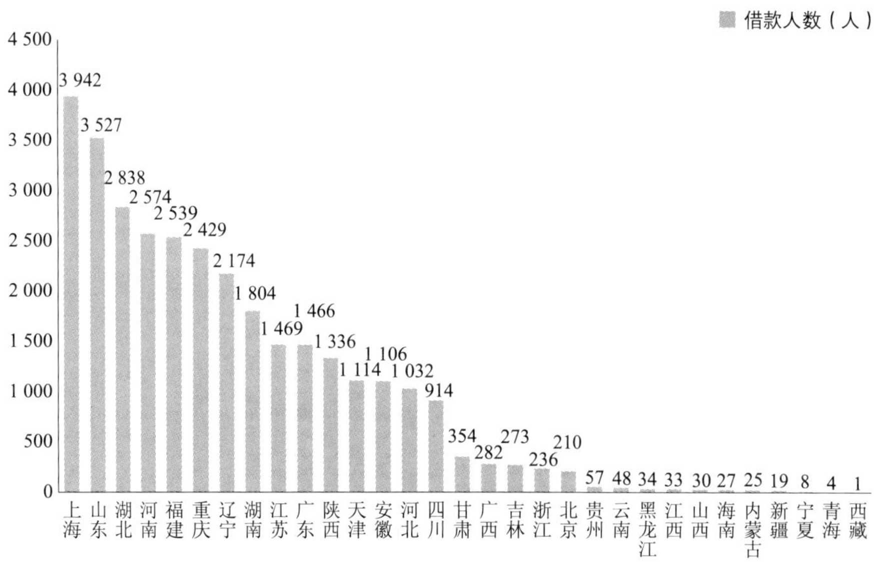

数据来源：人人贷，网贷之家

图 2-35 人人贷借款人所在地分布

借款人多数也是来源于平台所在地。所以，平台数量分布也可以从侧面反映全国的借款人分布。目前，国内网贷平台借款人主要还是以广东、浙江、山东等沿海经济发达省份为主，西部地区以重庆为主，而福建的借款人偏少，借款人资源还有待进一步开发。

从人人贷借款人的工作行业来看，零售/批发行业的人最多。这个行业的借款人的企业规模较小，多为个体户，且需要的多为短期周转资金，也缺乏足够的抵押物和担保，较难从银行获得贷款。网贷平台就为此类人群提供了资金渠道，见图 2－36。制造业和餐饮业也是有较多借款需求的行业。而金融业的人，本身资金渠道较多、收入较好、创业机会较少，有借款需求的人最少。

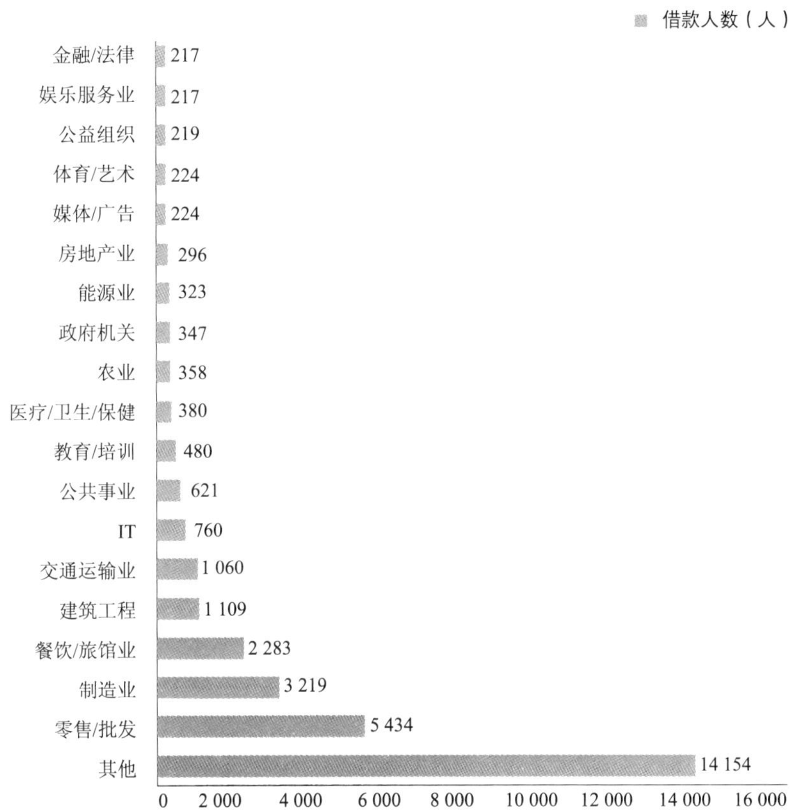

数据来源：人人贷，网贷之家

图 2－36　人人贷借款人行业分布

在借款人的公司规模方面，有接近 1/3 的公司人数在 10 人以下，包括个体户，见图 2－37。超过半数的公司人数在 10～100 人，推测为微型企业。这种规模也与零售批发、餐饮等行业的性质对应，进一步体现了网贷平台对个人和小微企业融资的意义。

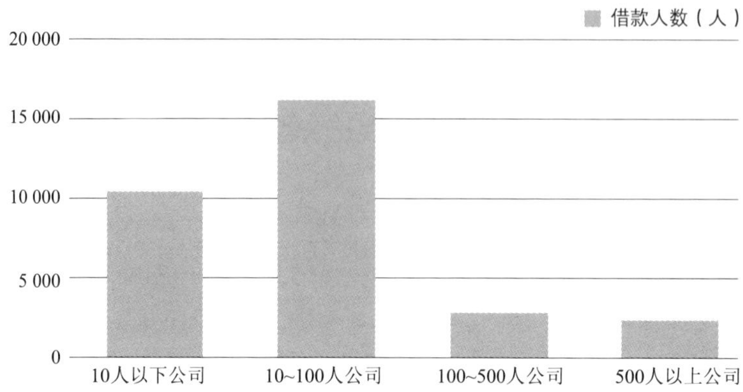

数据来源：人人贷，网贷之家

图 2 -37　人人贷借款人的公司规模

结合人人贷借款人的收入和工龄分布来看，见图 2 -38、图 2 -39，月收入 5 000 ～10 000 元、工作 1 ～3 年的人数最多。这个收入的人群多为青年上班族，他们有一定的想法和技术实力，但也需要一些资金去优化他们的生活和事业。月入过万的借款人也超过半数，可能为已经有一定盈利和积累的个体户和小微企业主。但他们的实力既无法入银行的“法眼”，又需要更多的资金去扩大和发展。对于网贷平台来说，开发这些正处于事业上升期的青年的借款需求，不仅有利于扩大自己的业务版图，也具有重要的社会意义。

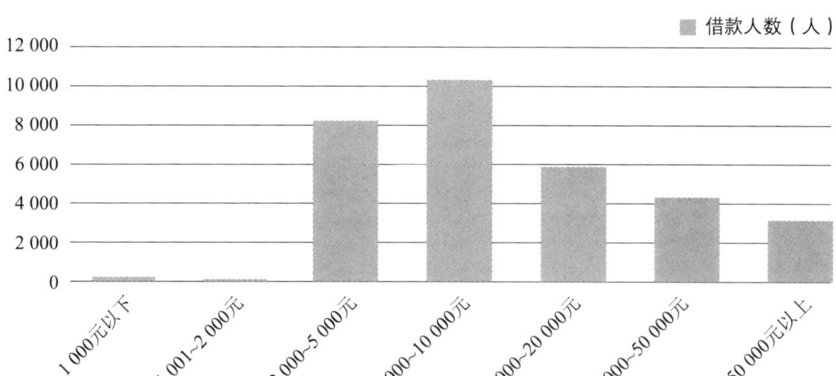

数据来源：人人贷，网贷之家

图 2 -38　人人贷借款人月收入分布

在这 3 万多个借款人中，出现逾期的不到 800 人，按时还款的人数达到

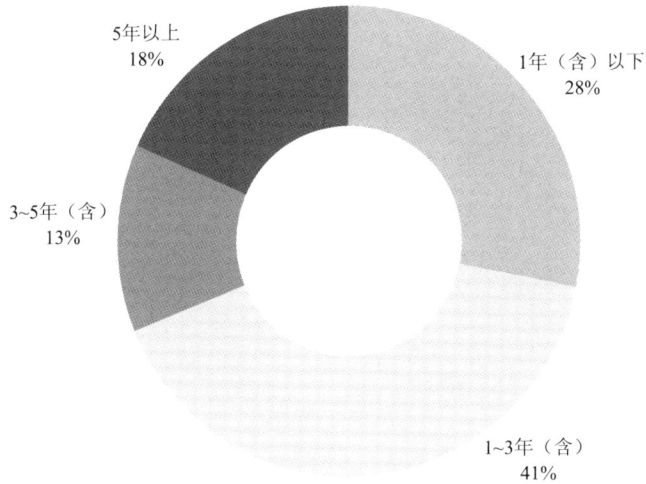

数据来源：人人贷，网贷之家

图 2－39　人人贷借款人工龄分布

97.5%。正如获得诺贝尔和平奖、最早开展“小额贷款”的尤努斯的理念所言，“穷人亦有诚信”。

2.4.5　逾期借款人情况

逾期借款人是网贷借款人中重要的组成部分，研究这个群体的情况对于研究借款人的整体情况尤为重要。借款人逾期的原因，主要有如下四点：

1. 网贷平台借款人资质相对较差

由于网贷平台上的一些借款人是未能从银行获得贷款资格的个人及企业，这类借款人通常资质较差，加之高额的借款成本增大了这类借款人的违约概率。

2. 网贷平台的风控能力及技术不完善

目前存在的网贷平台中，具有较完善的风控能力及技术的平台屈指可数，这加大了筛选优质借款人的难度。

3. 网贷平台间竞争激烈

2013 年网贷平台剧增的同时，平台之间的竞争也愈演愈烈，一些平台为了能够快速占有市场份额，放松了对借款人的筛选标准。

4. 网贷平台与借款人间存在着信息不对称

平台与借款人之间存在着信息不对称。一方面，平台无法了解到借款人故意隐瞒的信息；另一方面，平台也无法保证借款人借款资金的用途及去向，无法对借款后的借款资金进行贷后管理。

我们选取18家上文提及的公布逾期情况的平台，见表2－4，对逾期借款人的属性作简要分析。

2.4.5.1　逾期借款人地域分布

据统计结果显示，目前借款人逾期最多的地区为广东、浙江和山东。一方面，与这些地方的网贷平台数量有关。目前广东、浙江和山东的网贷平台数量都较多，由于各平台选择借款人有地域限制，选择范围往往局限于平台本地，所以这些地方的逾期借款人数也自然较多。另一方面，与城市中的契约文化、法律文化、经济程度等也有一定的关系。可以看出，北京及上海等地人口虽众多，但是逾期借款人数却较少。主要因为在金融文化程度较高的地区，各平台有更好更专业的风控模型及定价机制，可以有效选择优质借款人，并对借款人的后续风险进行追踪管理。同时，由图2－40可以看出，湖北、湖南、安徽、天津、福建等地的逾期借款人也较多。

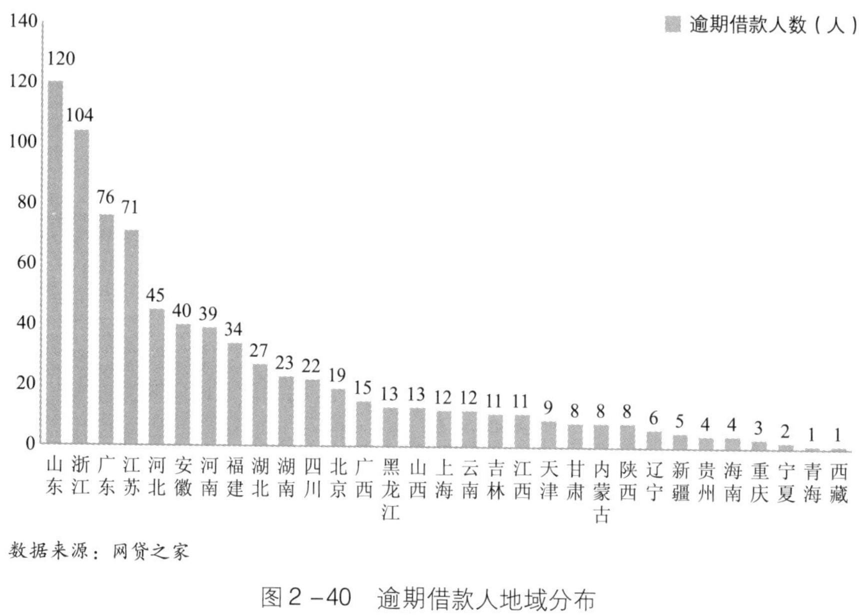

数据来源：网贷之家

图2－40　逾期借款人地域分布

2.4.5.2　逾期借款人性别分布

网贷逾期借款人多以男性为主，占比近六成，见图2－41。这可能主要与男性的风险偏好、社会地位及承受的压力程度等诸多因素有关，一般而言，男性在风险偏好及承受社会压力程度上高于女性。

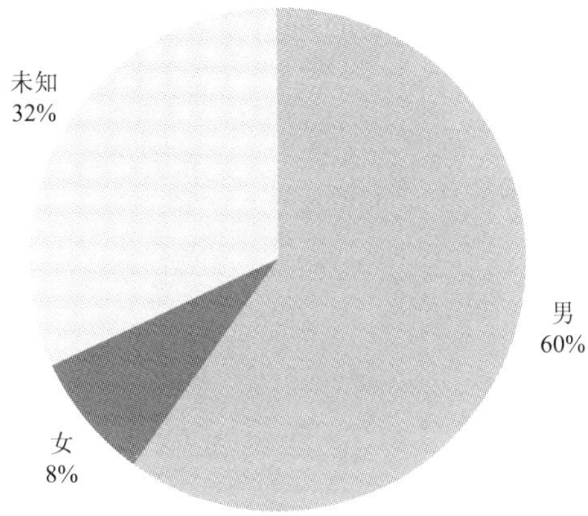

数据来源：网贷之家

图2－41　逾期借款人性别分布

2.4.5.3　逾期借款人比率

我们以人人贷的逾期借款人为例，估算不同属性的借款人的逾期人比率。

$$逾期人比率=\frac{某一属性逾期借款人数}{某一属性借款人数}\times 100\%$$

图2－42显示人人贷不同学历的借款人的逾期人比率。与直观认识相反的是，教育程度最高的研究生或以上学历，逾期的比率最高，而大专学历的借款人，相对逾期比率最小。这种现象有待进一步研究。

图2－43显示人人贷不同婚姻状况的借款人的逾期人比率。已婚的人逾期比率较未婚的人略低，这与有了婚姻、家庭的人更重视个人信用的常识相符。曾经有过婚姻但之后单身的人，其逾期人比率也较低。

从借款人的职业上看，有着稳定工作和收入的国家公务员却有着很大的可能性借款逾期，逾期人比率高达14.99%。有着较好收入的金融和IT业借款人，也有较高的逾期比率。相反，经常有生意上的资金需求的批发/零售行业的借款人，诚信较好，逾期比率较低，见图2－44。

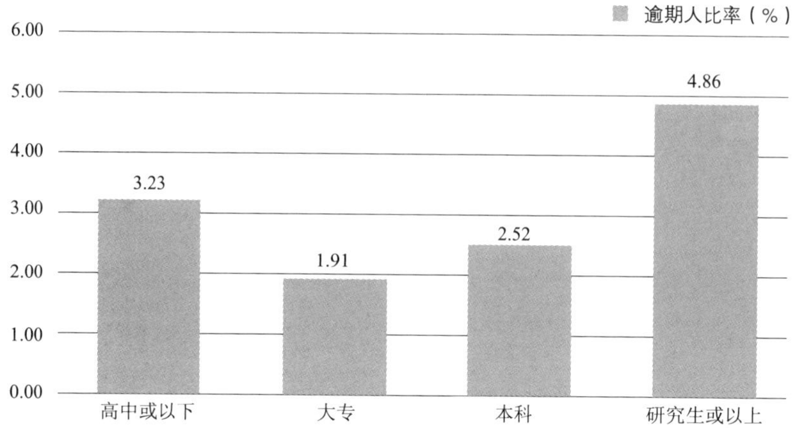

数据来源：人人贷，网贷之家

图 2 -42　人人贷不同学历借款人逾期人比率

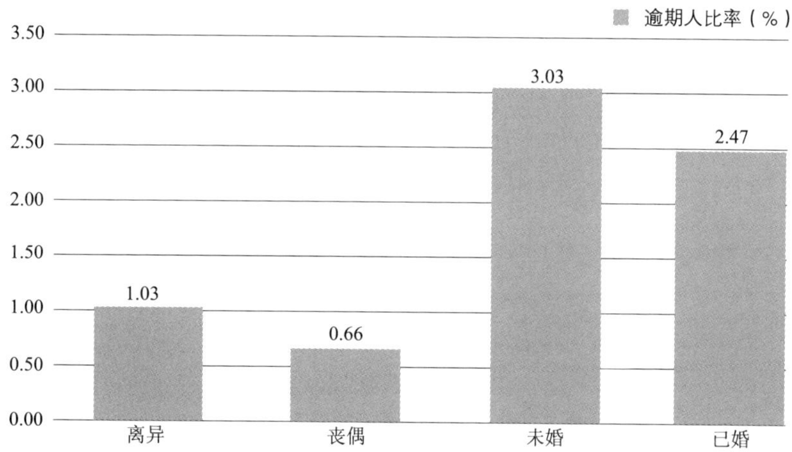

数据来源：人人贷，网贷之家

图 2 -43　人人贷不同婚姻状况借款人逾期人比率

从借款人的地域分布上看，内陆偏远省份的借款人逾期比率较高，可能与当地经济欠发达的情况有关，同时，较小的样本大小也会影响该数值。民间借贷发达的浙江，借款人逾期的比率也较高，有可能是当地借款人已经在不同渠道借了钱，从而有更高的可能性资不抵债。能源大省山西和内蒙古，之前也出过不少民间借贷的大案[1]，当地民间借贷的环境较复杂，借款人逾期的比率也较

[1] 郝成：《鄂尔多斯：借贷危机下的复杂“烂尾”》，http：//gz. house. sina. com. cn /news/2013 -09 -14/08163568821. shtml。

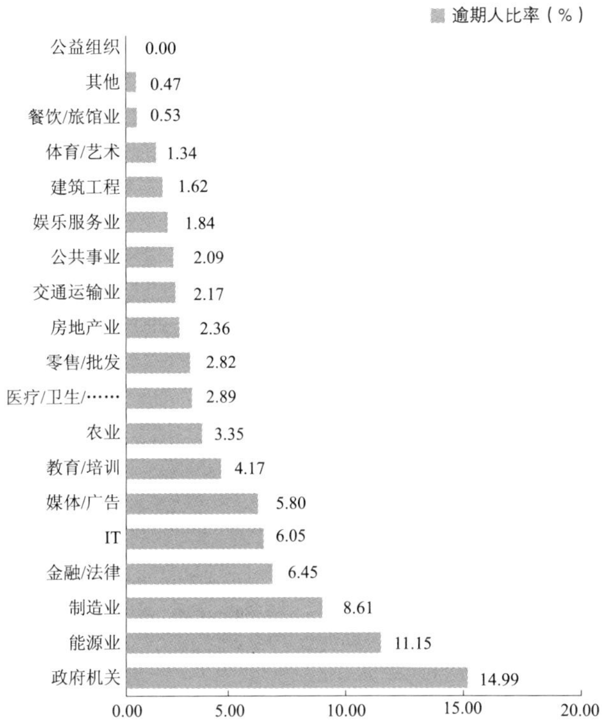

数据来源：人人贷，网贷之家

图 2－44　人人贷不同行业借款人逾期人比率

高。而经济和人文素养较高的上海，借款人逾期的比率就很低，见图 2－45。

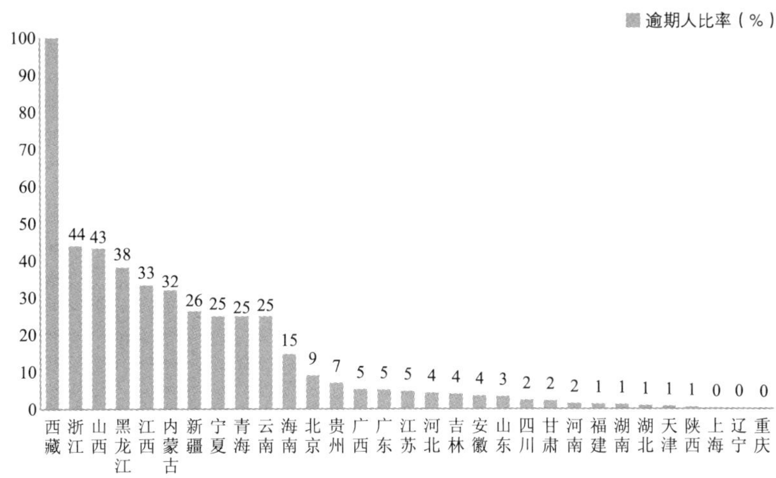

数据来源：人人贷，网贷之家

图 2－45　人人贷不同地域借款人逾期人比率

2.5　出借人情况

2.5.1　出借人数量

网贷出借人作为P2P网贷的资金流程里不可或缺的一环，在很大程度上推动和影响着网贷行业的发展。

2013年，90家网贷平台的累计出借人数❶为25.05万人，这里面包含了多平台出借的出借人，数据可能有重复计算。我们估算全行业出借人数应超过20万人。

统计90家平台历年来的出借人数，可以看出，出借人数从最初的两位数到2013年的20多万，以每年4.58倍的速度高速增长，增长率近1万倍，见图2－46。但目前这个群体相对其他成熟投资渠道的出借人数来说，还是比较小的，未来持续爆发增长的可能性非常大。

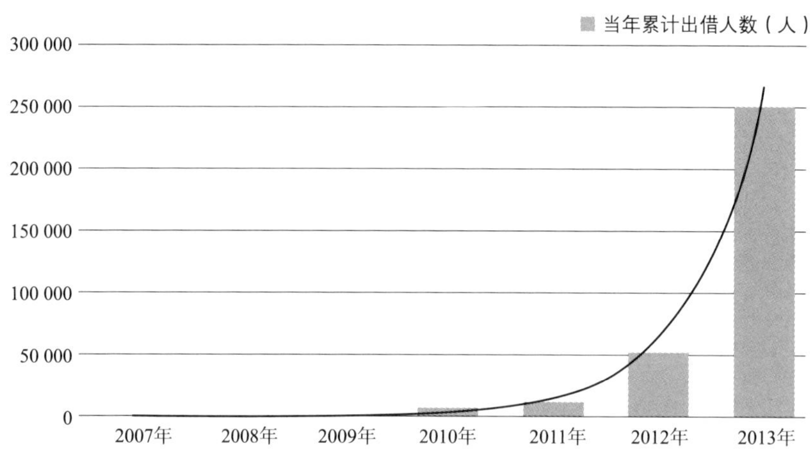

数据来源：网贷之家

图2－46　历年网贷平台当年累计出借人数

---

❶ 某一时间内至少有过一次出借行为的出借人，可能存在重复出借和跨平台出借，人数统计可能重复。

2013 年，网贷平台的出借人数仍然保持着高速的增长，月复合增长率为 13%，略高于借款人的增长率，这说明国民的理财意识在加速觉醒。另外，熟悉互联网的“80 后”和“90 后”已逐渐成为社会生产的主力，他们有着迫切的理财需求。另外，我们观察到，随着余额宝的推出和互联网金融概念的热炒，6 月之后出借人增长的速度明显高于之前。鉴于网贷平台相对于余额宝更高的收益，未来可能会吸引到更多的已经熟悉互联网理财的用户，见图 2－47。

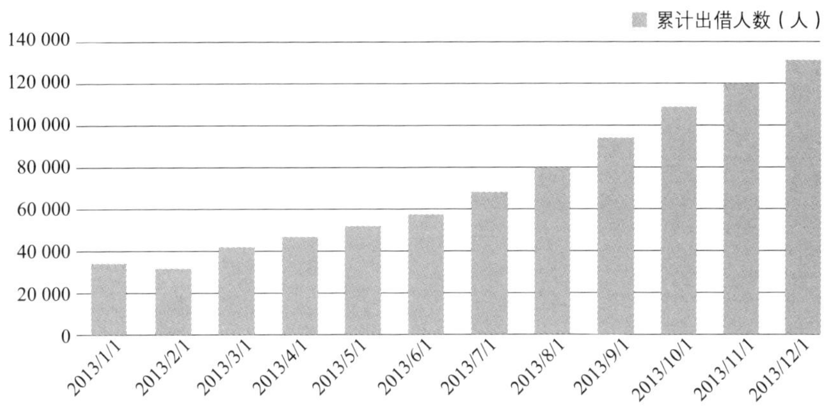

数据来源：网贷之家

图 2－47　2013 年网贷平台累计出借人数

我们还可以从另一侧面去考虑网贷出借人的增长速度。以网贷之家 2013 年 2 月～2014 年 2 月的网页浏览数 PV 为例，从每天 3 万次到高峰时的每天 30 多万次，增长了 10 倍多。同时，独立访客 UV 从每天 5 000 人到高峰时的每天 3 万多人，增长了 6 倍多，见图 2－48。2013 年下半年的增长更为明显，而 10 月以来的“倒闭潮”也引来了多方的关注。

综合分析上图，可以清楚地看出出借人对网贷平台的关注度在逐日增高，而且增速在不断提升。

2.5.2　人均出借金额

2013 年 90 家网贷平台人均出借金额[1]为 19.68 万元。因为平均借款期限

[1] 人均出借金额＝总成交量/累计出借人数，包含多次出借。

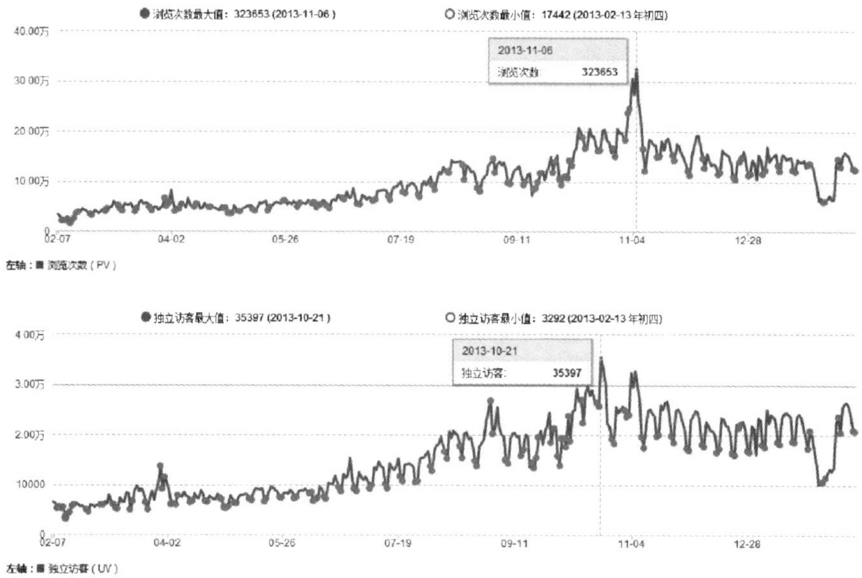

数据来源：网贷之家

图2－48　网贷之家流量分析

（上图：网页浏览数 PV，下图：独立访客数 UV）

为4.73月，则单个出借人平均一年资金能周转2.54次。如果考虑到周转次数的话，则人均每次出借金额为7.75万元，全年人均收益为1.52万元。

虽然出借人数在逐月增长，但每月的人均出借金额基本持平，见图2－49。可以看到，目前人均出借金额仍然相对偏高，因为出借人群体仍是一个小众群体，散户被个别大户平均了。可以预见，未来随着出借人群体的持续高速增长，人均出借金额将会缓慢下降，最终网络借贷会成为一种被大众所接受和使用的理财方式。

2.5.3　出借人属性

2.5.3.1　出借人地域

根据网贷之家搜集的数据及调查问卷显示，由于互联网的关系，逾20万的网贷出借人分布在全国各地，但其中，以网贷平台活跃大省广东和浙江的出借人数量最多。来自广东、浙江、上海、江苏、北京、山东六个省份出借

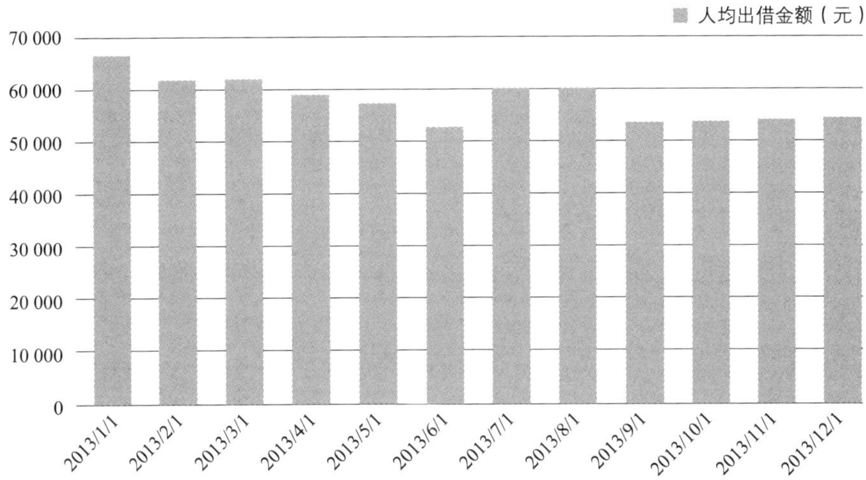

数据来源：网贷之家

图 2－49　2013 年网贷平台每月人均出借金额

人占总出借人群体半数以上，见图 2－50。

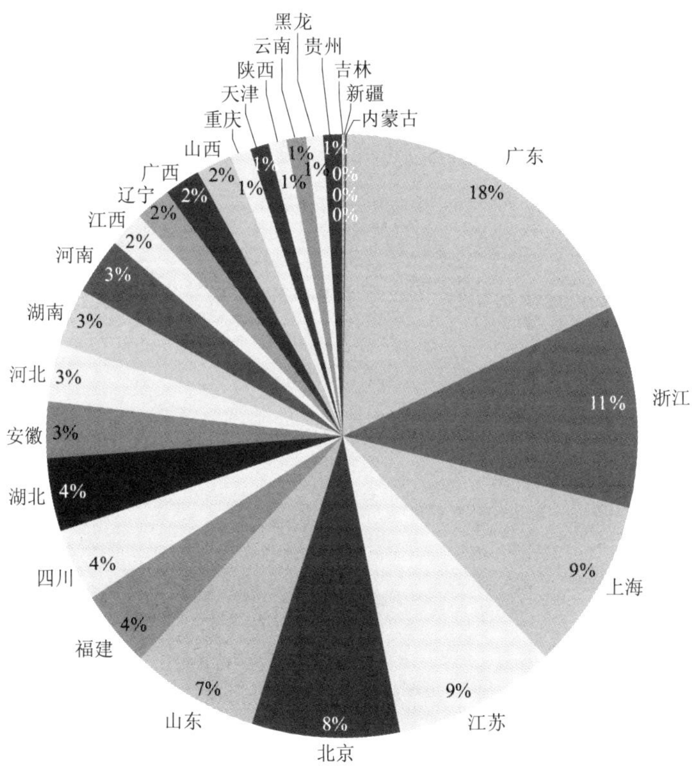

数据来源：网贷之家

图 2－50　网贷出借人所在地分布

目前，我国网贷出借人呈现非均匀分布，但与网贷平台地域分布呈现较高的一致性。分析其原因，首先，以上六个省份的人均GDP较其他城市更高，居民手中有较充足的闲置资金可用于投资。其次，由于居民理财渠道匮乏，民间有大量闲置在银行的资金。网络借贷作为一种新型理财方式丰富了大众的投资选择。目前市场上的高息理财产品，诸如信托和资管等，入门资金高达百万，而银行的小额理财产品收益又不足以抵御通货膨胀，因此，网贷平台为小额出借人提供了一个可以高息理财的平台。最后，这些省份的居民平均受教育程度更高，理财观念较强，或者有尝试过民间借贷的经历，因此较容易接受和尝试新事物。当然，网贷平台在本地的线下推广也促进了当地出借人群体数量的扩大。

西部和东北等地，因为经济相对欠发达且互联网接受的程度相对较低等，网贷出借人数量还较少。未来这些地方，也许将会成为网贷平台的“兵家必争之地”。福建虽然经济较发达，但当地的网贷平台数量较少且还不成气候，网贷出借人数量较少，这也许也是一片值得开拓的“蓝海”。

2.5.3.2 出借人性别

根据网贷之家的调查问卷显示，网贷出借人有85%为男性，剩下15%为女性，见图2－51。男性的风险偏好通常会更强一些，对于网贷投资这种新潮的并有一定风险的投资方式，相较女性而言更容易接受。女性通常会更倾向于银行理财这种保守型理财方式，而较多男性网贷出借人曾有过投资股票的经历，加上这几年国内股票市场行情低迷，也促使了很多男性股民转战网贷投资。

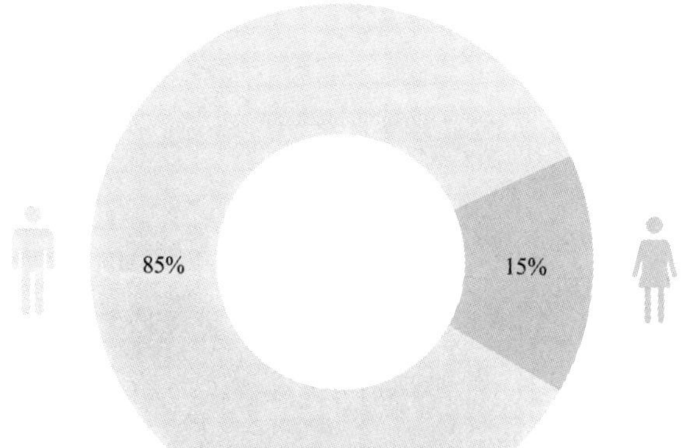

数据来源：网贷之家

图2－51　网贷出借人性别分布

2.5.3.3　出借人年龄

网贷出借人中20～29岁和30～39岁的占比均约为40%，两者累计占比约80%，青壮年成为网贷投资的主体，见图2－52。而40岁以上的出借人数随着年龄增长，占比呈下降趋势。20～39岁的出借人较年长出借人有更高的教育经历，金融理财和网络意识较强，更容易接受网贷投资这种新兴的理财方式。此外，20～39岁年龄段的出借人多数处于工作黄金期，有更强的赚钱资本和能力，有较强的风险偏好，从而能够承担更高的风险。

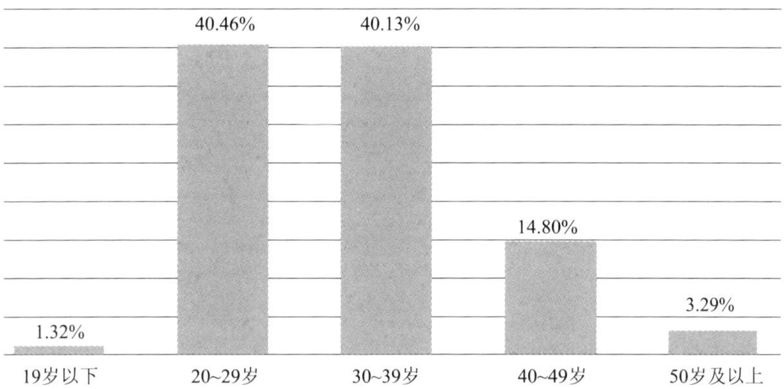

数据来源：网贷之家

图2－52　网贷出借人年龄分布

2.5.3.4　出借人职业

网贷出借人中从事金融、IT行业及公务员的占比分别为21%、19%及12%，累计占比52%，见图2－53。首先，因为网贷兼具金融和互联网的双重属性，从事金融和IT行业的人更有机会接触网贷行业，熟悉网贷行业的发展情况。其次，因为网贷行业作为一种新兴投资方式，有其不同于传统金融理财方式的独到之处，需要行业外的出借人花费一定的时间及精力了解研究，才能增强投资的判断力，获得高收益。而公务员在业余时间方面的优势，使得他们成为网贷投资的三大主力之一。

2.5.3.5　出借人收入

出借人的收入方面，年收入10万元以下的出借人占比60%，年收入20万

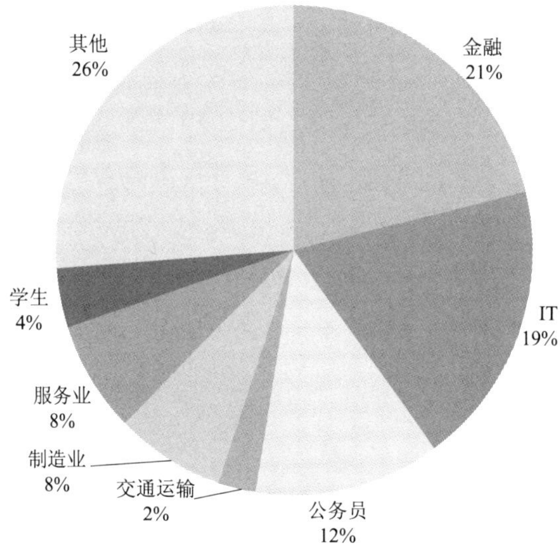

数据来源：网贷之家

图 2－53　网贷出借人职业分布

元以上的占比仅 15%，见图 2－54。以发达地区的经济水平来衡量，大部分出借人都是收入中低水平的草根群体，他们在传统金融机构的门槛面前，并没有多少理财机会。几十上百元就能出借资金的网贷行业为这个草根群体提供了一

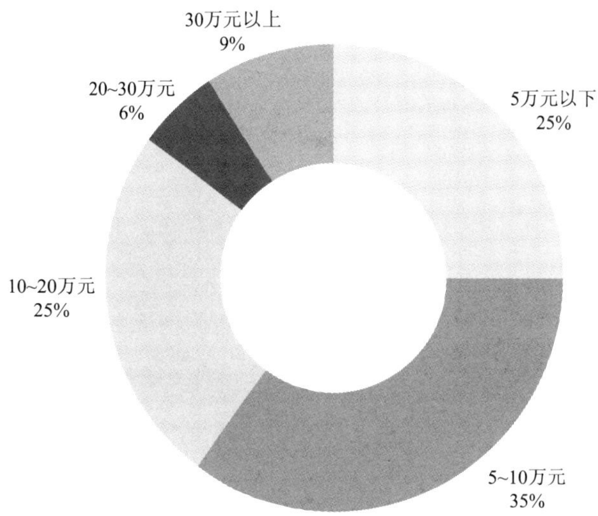

数据来源：网贷之家

图 2－54　网贷出借人年收入分布

个现实可行的投资选择。网贷出借的低门槛是个很大的优势。

总之，网贷出借人的主体为男性青年上班族。未来当这个群体成为社会的财富主流时，网贷行业的空间还是非常可观的。

2.5.3.6　出借人接触网贷的渠道

网贷出借人这个群体是如何接触了解网络借贷的？根据我们的调查问卷显示，55%的出借人是通过媒体了解并最终进入网贷行业的，见图2-55。尤其是在2012年和2013年，国内媒体开始大量关注和报道网贷借贷，这让越来越多的人知晓了这个行业。这两年，也是平台数量快速增加的两年，为应对竞争而大量投放的广告也在客观上起到了不小的推广作用。我们也注意到，作为中国最有影响力的媒体CCTV，其每一次对网络借贷的报道都能给行业带来大量的出借人。虽然多次是负面报道，但也反映了网络借贷的收益相对于其他理财渠道的诱惑力。即使存在不小的风险，也仍然吸引着不少人进入。而朋友间推荐也是一种极其有效的推广方式，我们注意到2013年春节后，网贷平台的成交量高涨，注册用户攀升，这主要是源于亲朋好友之间的推荐。相比网络上的广告，口口相传更容易赢得信赖，这也是诸多平台重视好友推荐奖励的原因。

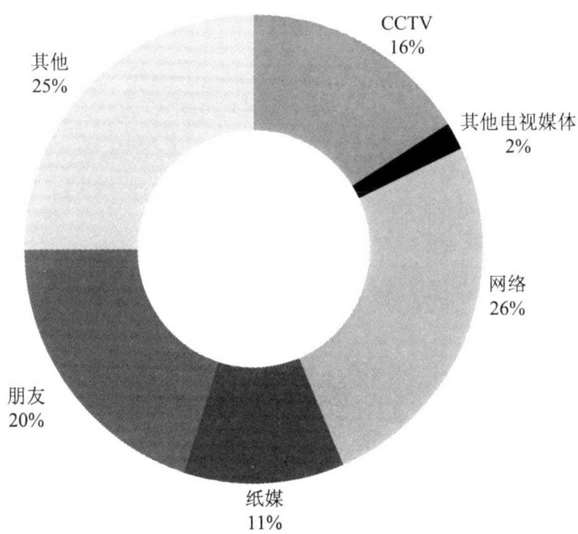

数据来源：网贷之家

图2-55　网贷出借人接触网贷的渠道

2.5.3.7 出借人每日研究网贷的时间

我们还发现，网贷是一种很容易让人“上瘾”的投资理财方式。相当一部分出借人沉迷于网贷，会花费很多时间、精力和金钱在其中。此外，因为这是一个新兴的行业，大部分人都不甚了解，而且行业发展很快，需要不断学习。76% 的人每天会花 1 个小时以上的时间去关注网贷信息，见图 2 –56。

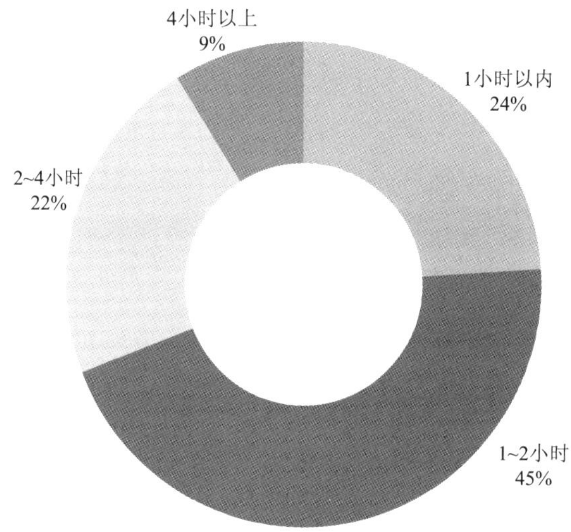

数据来源：网贷之家

图 2 –56　网贷出借人每天了解行业花费的时间

2.5.3.8 出借人网贷资金比例

由于网贷独特的魅力，多数网贷出借人在其资产配置上都重仓网贷。34% 的出借人将八成以上的资产投入到网贷中，55% 以上的出借人将 50% 以上的资产投入到网贷平台，见图 2 –57。草根群体的理财渠道有限，可能是很多出借人重仓网贷的重要原因之一。

2.5.4 出借人投资偏好

根据调查问卷结果显示，年化收益率在 20% ～ 25% 的网贷平台最受网贷出借人的偏爱，有两成的出借人将资金配置在这个利率区间的网贷平台上。

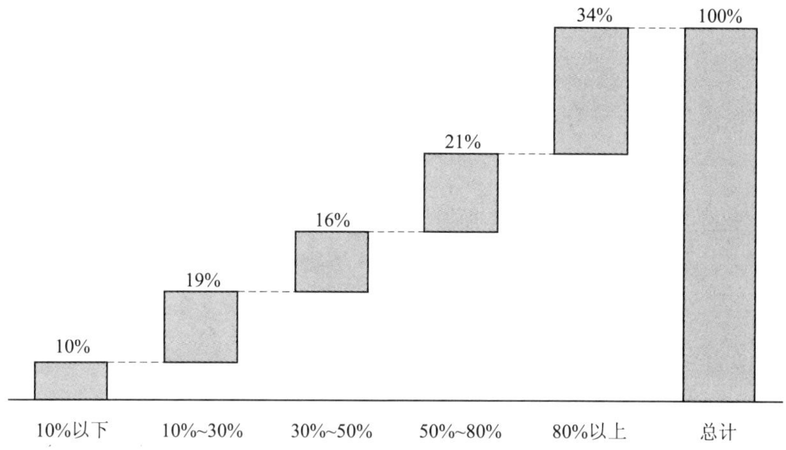

数据来源：网贷之家

图 2-57　网贷投资占出借人的总资产比例

但同时，仍然有接近 45% 的出借人投资月息 3 分（年化收益 36%）以上的平台，他们试图通过打新和分散投资获得高收益，见图 2-58。

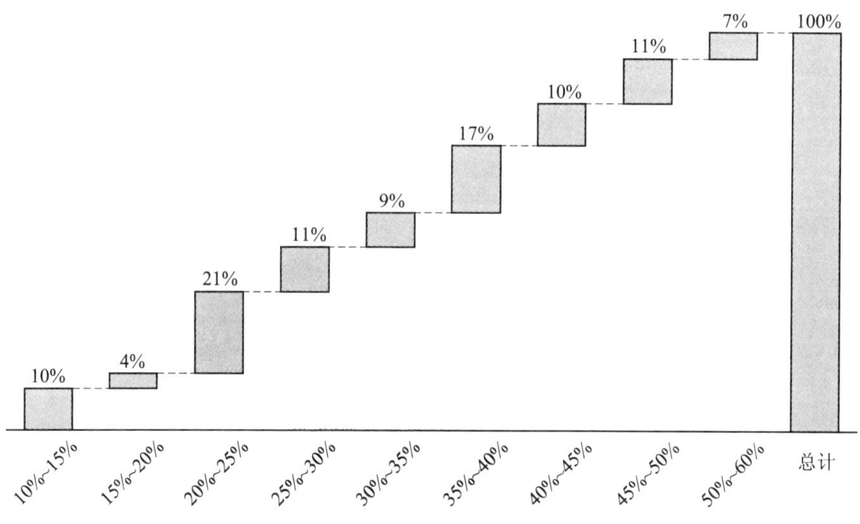

数据来源：网贷之家

图 2-58　出借人投资平台利率

之所以会出现这么高的收益率，也与网贷平台数量的快速增长有关。各网贷平台为了快速抢占出借人和占有市场，经常会采用一些活动来吸引出借人。如上线首月发布较多秒标，增加投资奖励，提升投资收益率等。从出借人的利率偏好看，目前借款人的借款成本或者平台的运营成本依然偏高。网络借贷的长期可持续发展，需要一个均衡、合理的利率水平。目前，一些大的品牌平台的利率水平已经下降到 10% ～ 18% 左右，日趋合理；而一些新平台为了吸引出借人，年化收益率往往高达 30% 甚至 40% 以上。一些出借人片面追求高收益，而放松了对风险的警惕（58% 的出借人愿意投资上线 1 个月以内的新平台），这也使部分激进出借人在“倒闭潮”中损失惨重。

出借人偏好 1 ～ 3 个月的标，近三成人投资于 1 个月的标，这可能以卡族（使用信用卡进行投资）居多。但出借人偏好于短期标也显示出出借人对资金安全性的担忧，以及对不明朗经济政策的担忧，见图 2 - 59。相信随着网贷市场的完善和政策指向的逐渐明确，出借人会放长投资期限。较长的借款期限会给出借人带来更高的收益，省去经常打理资产的烦琐，同时也为借款人用资提供便利。同时，网贷平台会减少拆标，为网贷平台的健康运作创造良好的环境。

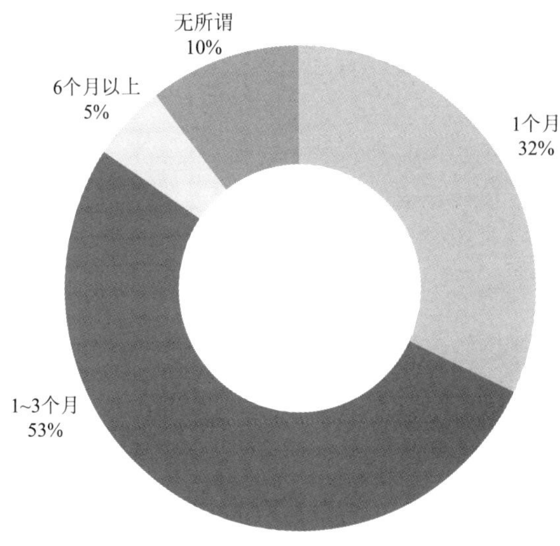

数据来源：网贷之家

图 2 - 59　出借人借款期限偏好

在缺乏监管、平台质量参差不齐的背景下，出借人非常看重平台的风险控制能力和手段。出借人考量一个平台时，最看重的是平台的风控能力，见图 2 - 60。风控是金融机构的核心能力，在网贷领域也不例外。即使在网贷领域，抵押也成为风控的第一手段。不少平台最开始可能会有较多信用贷款业务，但在恶劣的信用环境下，信用贷款的坏账率较高，亏损很大，这迫使网贷平台不得不更多地转向抵押贷款业务。信用环境的差异，造成了中外网贷模式的不同。

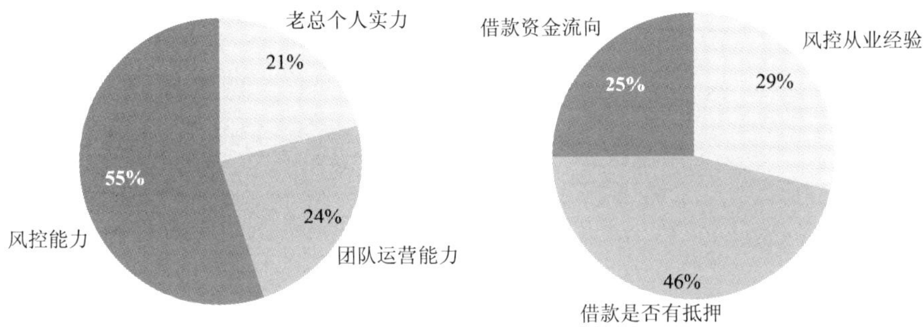

数据来源：网贷之家

图2-60　出借人考量平台的依据

不同于其他金融产品，网贷出借人更认可股东具有民间借贷和担保经验背景的网贷平台，而不是上市公司或金融控股集团背景的网贷平台，见图2-61。可以理解，民间借贷和担保与网贷平台属于同一业务的不同表现形式。经验充分有利于线上基础用户的建立和业务的开展，但频频发生的刻意或非刻意的平台倒闭事件也为出借人敲响了警钟。在网贷行业，风险控制和技术安全更加不容忽视，而具有良好金融风控背景的公司在快速变化的互联

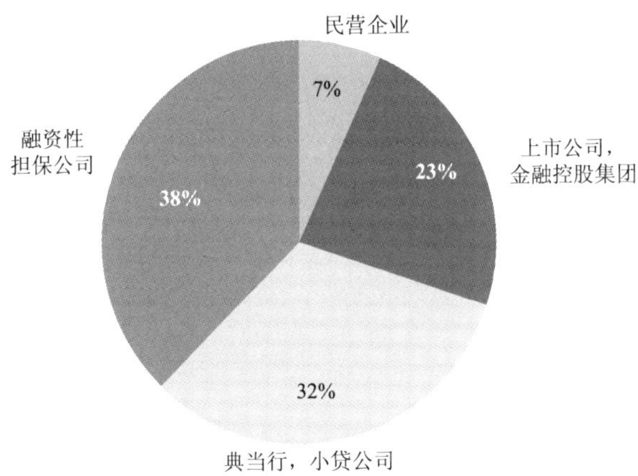

数据来源：网贷之家

图2-61　出借人偏好的网贷平台背景

网金融行业中往往具有更强的缓冲能力。

绝大多数出借人都不会把鸡蛋放在同一个篮子里，他们会通过分散投资来降低风险。有三成以上出借人甚至分散到了9个以上平台，也不外乎他们每天会花大量时间去关注网贷平台的讯息，见图2-62。

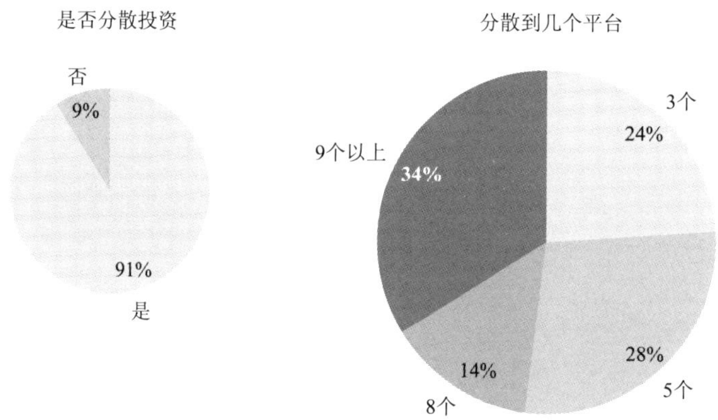

数据来源：网贷之家

图2-62　出借人分散投资情况

2.5.5　"倒闭潮"后出借人情况

在经历了2013年10月、11月的"倒闭潮"后，不少出借人因为在这些问题平台出借了资金，在平台资金链断裂或者老板跑路等情况下，无法提现，出借资金难以收回，网贷出借人也随着平台一起经历了一次洗牌。

之后，我们对网贷出借人又作了一次问卷调查。我们将资金出借但最终无法收回的行为称为"踩雷"。调查结果显示，在踩雷出借人中，59%的出借人只踩了1～2家平台，但同时也有15%以上的出借人踩雷超过6家平台，见图2-63。

在踩雷的出借人里，有48%的出借人套牢了10%以下的资金，2013年全年可以勉强不亏损。但同时也有14%的出借人套牢了50%以上的资金，2013年的网贷投资对他们来说不再是"幸福"的理财方式了。

绝大多数网贷出借人仍然坚持网贷投资，不过大部分人表示要减少出借金额，并撤离高息平台，出借人信心遭受了少许打击，见图2-64。但同

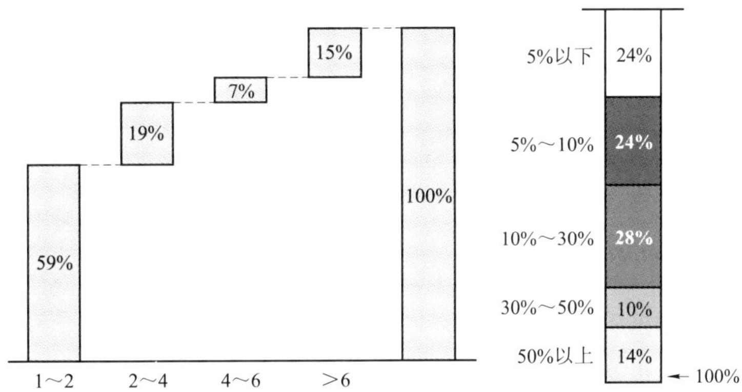

数据来源：网贷之家

图2-63 踩雷出借人情况（左：踩雷平台数，右：套牢资金比例）

时，也说明出借人逐步回归理性，网贷投资闭着眼挣钱的时代也许已经过去了，未来可能需要出借人花费更多的精力去考量平台和分配资金。

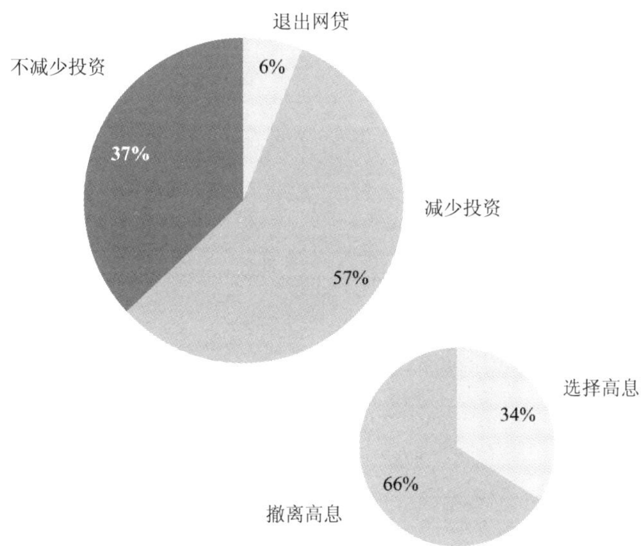

数据来源：网贷之家

图2-64 “倒闭潮”后出借人信心

因为出现问题的平台与组团这个出借人的行为有密切关系，我们也对出借人对于组团的态度作了调查。参与问卷调查的出借人有16%参与过组团，仅有10%的人表示会继续参与组团，组团意愿有所降低。

2.6 问题网络借贷平台情况

在2013年我国网贷行业呈现出蓬勃发展的态势同时，伴随着法律地位不清、几乎没有准入门槛、缺乏行业规范和自律以及监管真空等诸多问题，也使得网贷行业乱象丛生，尤其是2013年10月以来，无法提现的问题平台剧增，一定程度上阻碍了网贷行业的健康可持续发展。为此，我们选取了2013年74家问题平台为研究对象，对其数据信息作了相应的统计分析，以期全面客观地展示问题平台的概况，探寻平台健康、可持续发展的规律。

2.6.1 问题平台宏观分析

2.6.1.1 问题平台数量分析

2013年全年累计有74家P2P网贷平台出现提现困难、倒闭或跑路的现象，数量约占整个市场的10%，具体分析结果见表2-7和图2-65。

表2-7 2013年问题平台汇总

问题时间	问题平台
2013年4月	众贷网、城乡贷
2013年5月	酷跑金融
2013年6月	非诚勿贷、徽州贷、铂利亚
2013年7月	中财在线、民联贷
2013年8月	网赢天下、财富园
2013年9月	黄山资本、天力贷、现贷网、互帮贷
2013年10月	立贷网、银实贷、东方创投、万利创投、宜商贷、川信贷、福翔创投、力合创投、华强财富、钰泰财富、盈通投资、汇宝信贷、保险贷、乐网贷、家家贷、银鑫贷、浙商贷、通联贷、平海金融

续表

问题时间	问题平台
2013 年 11 月	铜都贷、乾坤贷、徽煌财富、宝丰创投、招金贷、鹏城贷、汇银投资、都梁创投、中联乐银、益得创投、3a 借贷、大信投、宝仕金融、德塞财富、好想贷、信邦创投、莲花财富、今鑫财富、宝都财富、江城贷、安客创投、阿拉贷、金银丰、凌轩财富、信博财富、五洲财富、诚宜创投、华东贷、帮你贷、禾嘉创投、沪发贷
2013 年 12 月	佳通创投、高益创投、华悦财富、海发财富、正大金融、及时雨、怀民贷、天标贷、聚众贷、维沃财富

资料来源：网贷之家

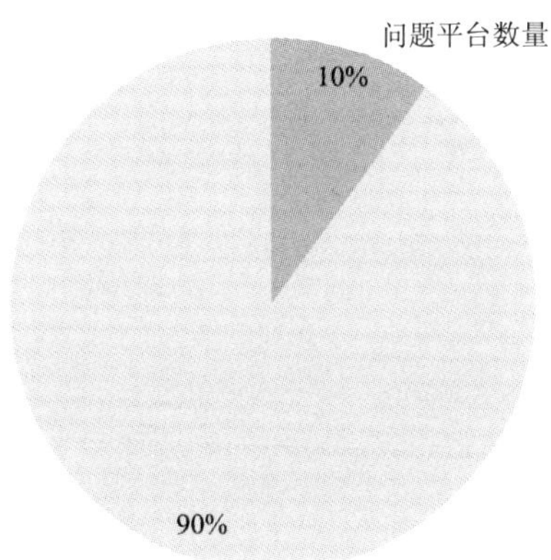

数据来源：网贷之家

图 2－65　问题平台数量占比

2.6.1.2　问题平台增速分析

2013 年 4～9 月间，每月平均 2.33 家平台出现问题。而进入 10 月后，问题平台数量呈现加速上升态势，平均每月问题平台数量达到 20 家，11 月时更是高达 31 家，平均每天均有平台出现危机。问题平台增速情况见图 2－66。

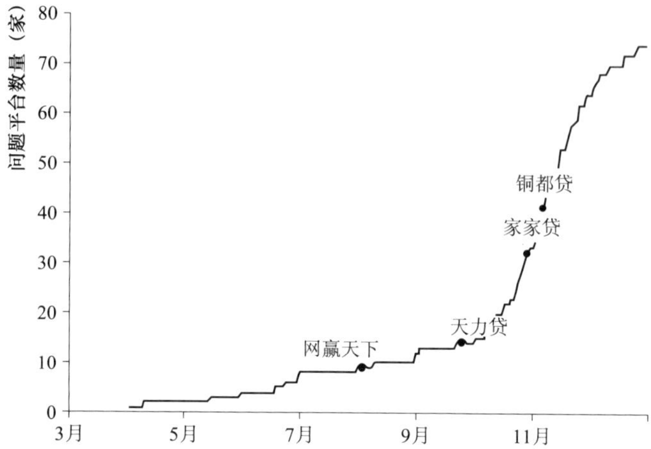

数据来源：网贷之家

图 2-66　2013 年问题平台增速情况

2.6.1.3　问题平台地理分布

统计结果显示，浙江出事的问题平台最多，但与各省平台基数相比，天津、湖北、安徽、内蒙古等已经是重灾区，具体分析结果见图 2-67。

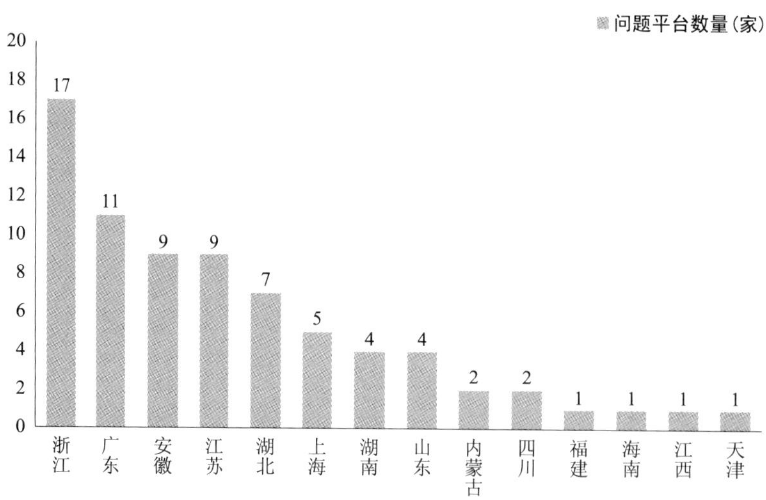

数据来源：网贷之家

图 2-67　问题平台地域分布

2.6.1.4　问题平台处理结果分析

对于这些问题平台的处理按结果主要分为两类情况：一是实际倒闭或警方立案；二是平台不断“画饼”或毫无进展。在74家网贷平台中，实际倒闭或警方立案的仅占两成，见图2－68。

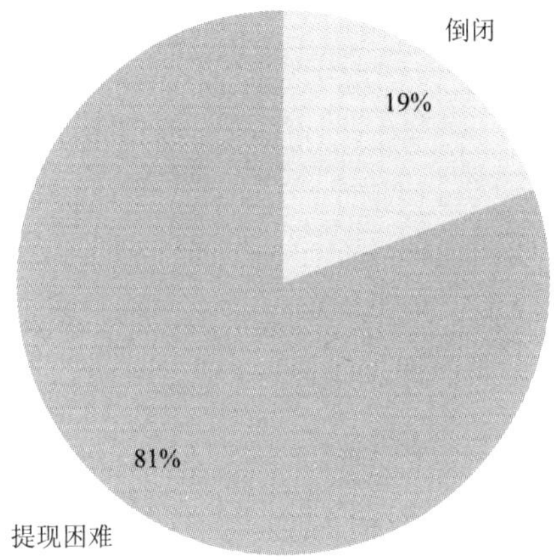

数据来源：网贷之家

图2－68　问题平台处理情况分类占比

2.6.2　问题平台微观分析

本研究主要从问题平台生命周期分布、待还金额分布、注册资金、综合收益率、借款期限等维度对74家问题平台进行统计分析，旨在对问题平台的共性或相似性进行归纳总结。

2.6.2.1　问题平台生命周期

统计结果显示，平台上线后3～4个月出现提现困难、倒闭或跑路现象的占比超过一半，问题平台中存活时间超过1年的仅1家，见图2－69。

2.6.2.2　问题平台待还金额

其中34家问题平台待还金额达11亿元，估计2013年全年问题平台待还金额超15亿元，平均每家问题平台待还金额约为3 300万元。居于待还金额

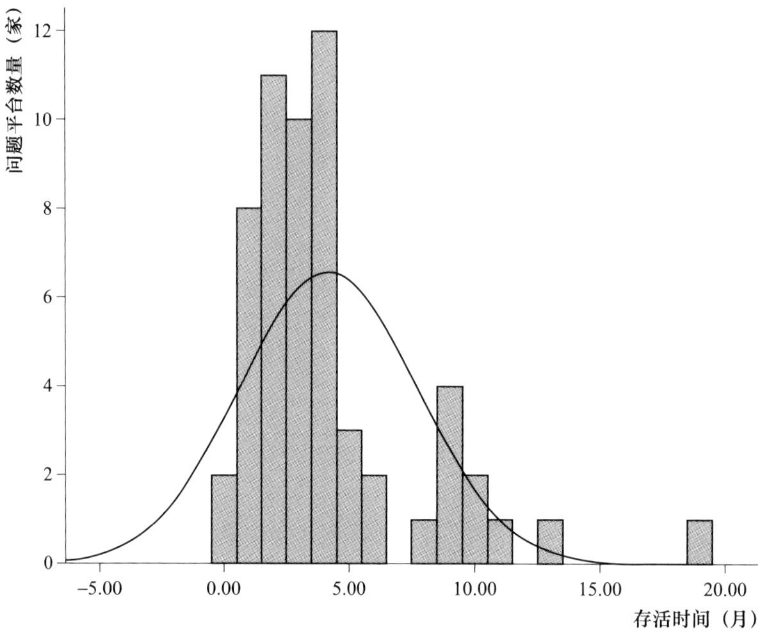

数据来源：网贷之家

图 2-69　问题平台生命周期分布

首位的网赢天下达 2 亿元，而网赢天下的注册资金仅为 2 000 万元，如此大的资金杠杆显示出一些网贷平台隐藏着的巨大风险，见表 2-8。

表 2-8　问题平台待还金额情况

平台	待还金额（万元）	平台	待还金额（万元）
网赢天下	20 000	银实贷	1 970
家家贷	11 800	徽州贷	1 700
铜都贷	11 000	万利创投	1 700
鹏城贷	8 000	通联贷	1 500
天力贷	6 700	汇宝信贷	1 200
浙商贷	6 000	乾坤贷	1 000
中联乐银	6 000	现贷网	900
宜商贷	4 900	华强财富	900
东方创投	4 400	凌轩财富	755

续表

平台	待还金额（万元）	平台	待还金额（万元）
钰泰财富	4 000	盈通投资	720
力合创投	3 900	信邦创投	700
中财在线	3 000	众贷网	300
非诚勿贷	2 700	黄山资本	220
乐网贷	2 676	铂利亚	130
今鑫财富	2 027	城乡贷	117
徽煌财富	2 000	福翔创投	80
维沃财富	1 993	互帮贷	50

数据来源：网贷之家

但值得欣慰的是，问题平台数量占总平台数量的 10%，问题平台待还金额仅占全行业资金规模的 4%，虽然闹得沸沸扬扬，但并未伤及行业的根本，见图 2－70。

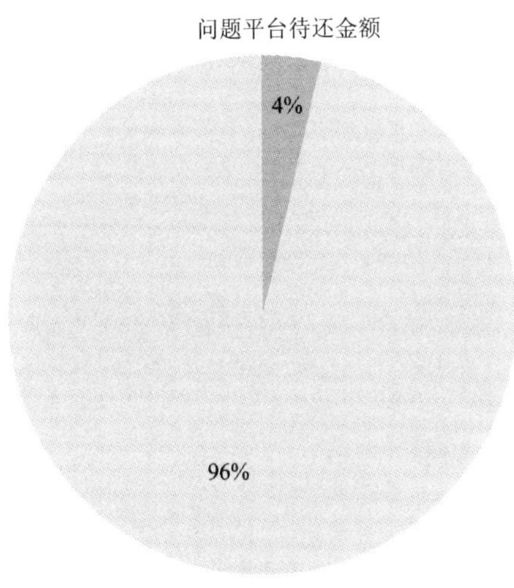

数据来源：网贷之家

图 2－70　问题平台待还金额占比

2.6.2.3　问题平台注册资金

问题平台的注册资金以 500 万元和 1 000 万元为主，仅 11 家注册资金超

1 000 万元。较低的注册资金与动辄几千万的待还金额相差悬殊，可见，平台承诺的本金保障只是一个吸引出借人资金的噱头，并无切实的意义，见图 2 -71。

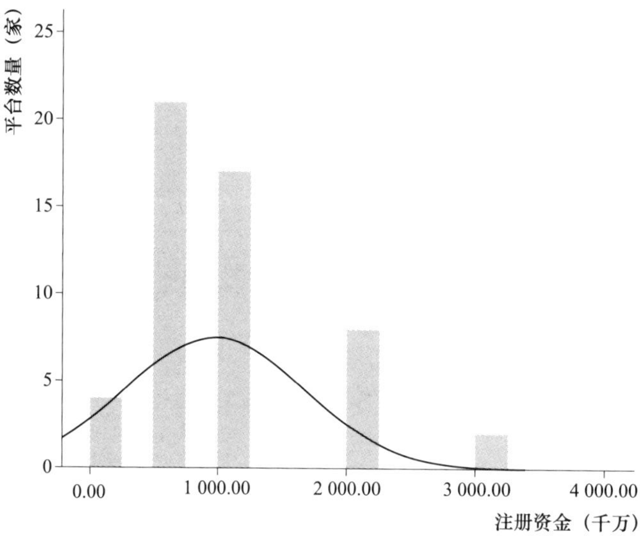

数据来源：网贷之家

图 2 -71　问题平台注册资金分布

2.6.2.4　问题平台综合收益率

问题平台中 21 家平台标的综合收益率超过 50%，43 家超过 40%，家家贷的综合收益率甚至高达 66%。如此高的收益率不仅隐性地触碰了法律红线，也验证了网贷行业也存在着收益与风险并存的道理，见图 2 -72。

2.6.2.5　问题平台借款期限

平台首月平均借款期限显著缩短，由最初的 9 个月缩短至 1 个月以下。目前网贷平台的借款期限主要分布于 1 ～3 个月，而问题平台的平均借款期限均为 1 个月左右，甚至有很多天标，流动性风险骤然放大。

2.6.2.6　问题平台采用的第三方支付接口

问题平台所使用的第三方支付接口中，国付宝、宝付占比 50% 以上。这虽主要与第三方支付公司自身的业务范围广度有很大关系，但问题平台往往

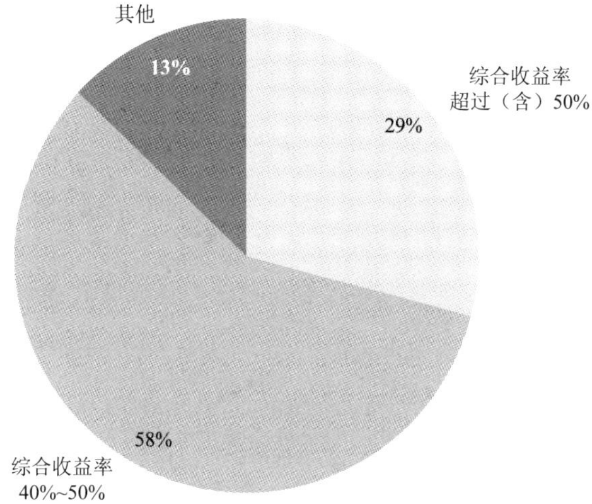

数据来源：网贷之家

图2－72　问题平台综合收益率分类占比

倾向于选择费用成本较低的第三方支付接口，而带有资金托管功能的第三方支付接口费用成本较高，问题平台无一使用，见图2－73。

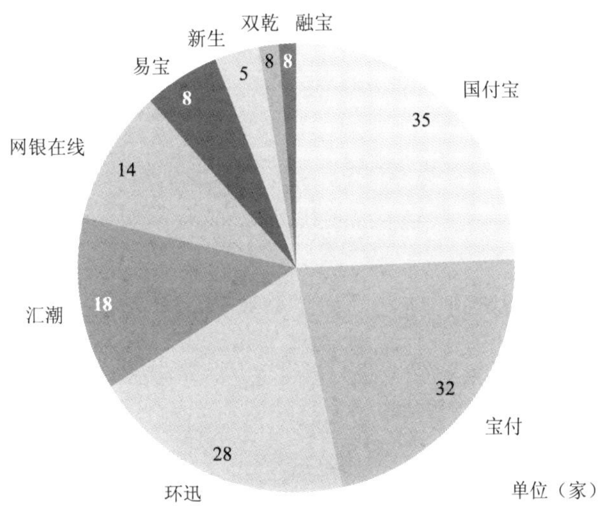

数据来源：网贷之家

图2－73　问题平台采用的第三方支付接口

2.6.2.7　问题平台的公司注册名称

问题平台的公司注册名称主要以投资管理有限公司和电子商务有限公司为

主，分别占比28%及19%。虽然公司名称对网贷平台现行业务的影响不是很大，但是这些公司的经营范围是否有担保的权限，还有待商榷，见图2-74。

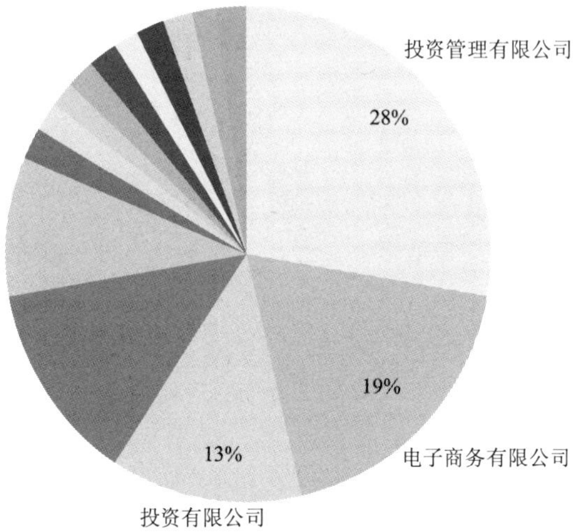

数据来源：网贷之家

图2-74　问题平台注册公司名称分类占比

2.6.3　问题平台爆发的深入分析

针对2013年10月以后出现的问题网贷平台大爆发，我们结合网贷行业自身规律、问题网贷平台的特征与网贷行业外部因素，对此现象进行了深入分析。

国庆长假期间平台成交量显著下降，以6家典型问题平台为例，十一假期成交量由8 149万元陡降53%至3 865万元，降幅远超出良好运营的网贷平台。加之国庆期间，央行升级支付系统，跨行转账业务暂停，导致出借人的充值和提现遇到了阻塞，假日累积的提现需求导致节后工作日提现额激增。在此情形下，尽管节后成交量恢复往常水平，但对巨量累积的提现需求而言却是杯水车薪，平台遭遇流动性危机，最终导致问题平台无法继续维持运营，形成之后的“倒闭潮”，见图2-75。

潮水退去，反思其中，出借人过分追求高额收益、问题平台对运营风险的忽视、借款人诚信问题等在危机中一览无遗，自融、组团、拆标等问题纷纷暴露出来。

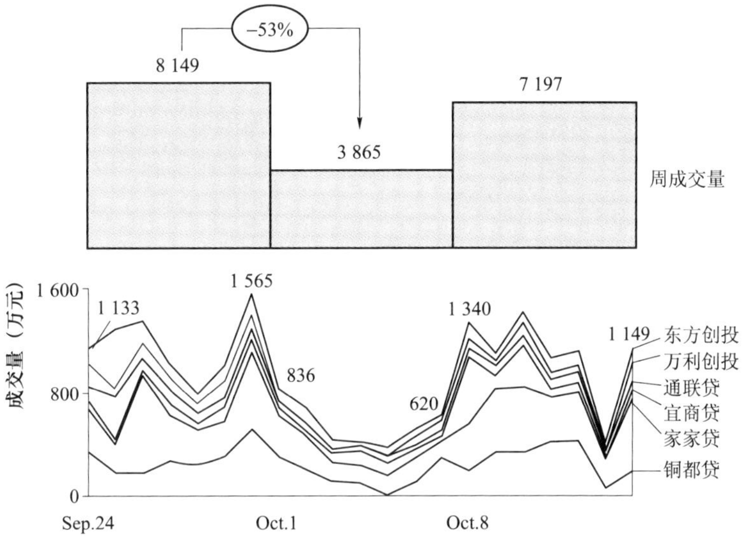

资料来源：网贷之家

图 2－75　问题平台国庆长假前后成交量变化对比

自融平台一般通过发假标来吸引出借人资金，而资金的真实流向均为平台关联企业。借款人单一，自己给自己做风控，存在很高的道德风险，也游走在了法律的边缘。高息自融平台亦是庞氏骗局，泡沫总会有破灭的一天。

组团标到期时，会有大量资金需要提现；抑或组团资金在某平台踩雷后，蜂拥撤出其他组团平台，对平台短期资金链打击很大。如果不是真实的借款标或者拆标，易使平台出现挤兑现象，进而提现困难。

拆标亦为期限错配，要求平台有很强的控制流动性的能力，但多数出身草根的平台团队并不具备这种实力。在平台人气脆弱时，平台为吸引出借人，会发布密集高息天标甚至秒标，流动性风险骤然放大，虽能缓解短期资金紧张，但并不能从根本上解决问题。

2.7　网络借贷行业外围服务发展概况

除了网贷平台，在网贷行业里还存在着各色的外围服务提供机构。下面我们对这些外围服务的发展情况作个简单的梳理。

首先是网贷行业门户，目前已有网贷之家、网贷天眼、融途网等多家网贷行业门户网站。据不完全统计，此类网站数目已超30家，且随着行业的火爆，有着很低进入门槛的行业门户网站将会不断地涌现。当然，由于同行竞争加剧，不同的行业门户网站可能会重点关注其擅长的某一细分功能，比如新闻、数据、导航、百科、社区、比较、考察、投标助手、垂直搜索等。

在网贷行业征信方面，目前已有上海资信、安融惠众等征信公司试水。随着网贷平台征信需求的增多，未来会有更多征信公司介入这一领域。我们也期待网贷行业早日实现统一联网的征信系统。

在网贷行业评级方面，目前已有网贷之家发布了网贷平台综合评级，也有少数行业门户网站和个人在尝试评级，但国内权威的评级机构尚未涉足其中。

在网贷行业研究方面，已有网贷之家的网贷研究院、五道口金融学院互联网金融实验室、零壹财经等专业研究团队，艾瑞咨询、易观国际、清科集团、前瞻咨询等咨询研究机构也发布了相关研究报告，未来会有更多研究人员关注网贷行业。

在网贷行业外围组织方面，已有中国支付清算协会下属的互联网金融专业委员会、中国小额信贷联盟、上海网络信贷联盟、广东互联网金融协会等组织。还有许多关注此行业的活跃人群组成的小型组织，如互联网金融千人会，网贷出借人也自发组成了诸多投资人委员会。

在网贷平台系统供应商方面，目前已有帝友、贷齐乐、融都科技、盈灿科技、绿麻雀、融宝科技、晓风软件等近二十家。这些系统供应商加快了网贷平台技术的更新换代，促进了各类技术的不断创新。

门户、研究、征信、评级、协会联盟等外围服务机构的迅速发展，形成合力帮助网贷平台健康发展，助力整个行业做大做强。

第三章 国内网络借贷平台商业模式分析

商业模式是一个非常宽泛的概念。通俗地讲，就是公司通过什么途径或方式来赚钱。而严格来说，它是指一个企业如何通过整合企业内外的各种要素，从而系统高效地实现客户价值最大化目标的核心运行模式。可以说，商业模式是每一个企业骨子里都存在的决定其生存和发展成败的一个关键基因元素。在日趋激烈的市场竞争环境下，商业模式的作用也变得越来越重要，从来没有一个时代的企业家像现在这样重视商业模式。任何一种商业的出现和发展都经历了从无到有、从幼小到不断完善至成熟的过程，P2P 网络借贷也不例外。P2P 网络借贷自 2007 年在国内首次出现后，曾经历了一波小高峰的快速成长和发展，但自 2013 年 9 月开始出现了局部的“倒闭潮”，有一部分出借人受此牵连，让这个新兴起的行业着实地摔了一跤。这一摔也让人着实捏了一把冷汗，网贷平台的商业模式到底出了什么问题？就此疑问，我们将在这一章对国内网贷平台的商业模式特点进行梳理和分析，从而帮助读者更好地理解网贷平台这一全新的互联网金融业务的创新模式和其运营特点。

本书的第一章简述了几种商业模式的分类，在本章我们将从垫付模式，扩张模式、业务流程模式及平台功能分类几个角度对网络平台进行分类，并对各种类型的特点分别进行分析介绍。

3.1 垫付模式分类

由于国内目前个人信用体系的建设还相对落后，P2P 网络借贷这一原本建立在高度个人信用基础上的舶来品在引入中国后遭遇了因个人信用低下而导致的高违约率等一系列问题。在国内，单纯地依靠个人信用审核方式的 P2P 网络借贷模式，难以保证网络借贷的还款履约率。P2P 网络借贷在经历水土不服后出现了一些进化和演变，逐渐出现了一些承诺保障本金或利息的经营模式：一些公司通过积极探索引入资金垫付、担保制度或准备金等方法来保障出借人利益。根据是否有资金垫付来保护出借人的利益来划分，我们可以把 P2P 网络借贷分为：无垫付模式、担保模式和保证金模式。

3.1.1　无垫付模式

无垫付模式是指 P2P 网贷平台不承诺保障单个借款标的本金。当借款发生违约风险时，由于没有任何担保机制，此时出借人需要自己承担全部风险。因此，这是一种对出借人风险相对较高的模式，因为在这种模式下出借人的风险如同处于裸奔状态。但对于平台来说，由于不需要垫付资金，对于平台则几乎没有风险。所以，无垫付模式的缺点主要在出借人方面，需要出借人自行判断借款人的违约风险。但它的优点在平台方面，平台作为纯中介仅提供借贷信息，不提供担保，所以借款人违约对其影响较小，平台不易倒闭。但随着行业的发展和竞争的加剧，早期纯粹的完全无垫付模式也开始演变成需要对账户的本金提供保障的形式，无垫付模式的平台会要求出借人分散投资到一定笔数后，才对坏账总金额大于收益总金额的差额部分作出垫付。但与绝大多数有垫付的平台不同的是，这种模式的平台不会对每个标的逾期的本金作垫付，所以，我们仍将其划归为无垫付模式。

目前这种模式平台的主要代表是拍拍贷和点融网。下面以拍拍贷为例，对其商业模式作进一步的解析。

拍拍贷成立于 2007 年，总部位于上海，是中国第一家 P2P 网络信用借贷平台。拍拍贷主要借鉴了国外的 Prosper 模式，它是一种无抵押无担保的运营模式，利率由借款人和竞标人根据市场供需决定，一般会由网站平台设定法定最高利率限制，从而有效地避免了高利贷的发生。图 3－1 是拍拍贷的借款流程：

资料来源：拍拍贷❶

图 3－1　拍拍贷借款流程

1. 首先由借款人在拍拍贷网站注册，并上传相关个人真实信息并提出借

❶ 网贷平台拍拍贷，http://www.ppdai.com。

款需求（包括借款总额、借款期限、利率期望等信息）。

2. 拍拍贷根据借款人的资料进行信用审核，给予信用额度，通过审核后允许借款人在信用额度内发布借款标。同时，借款人可以通过补充资料、加入优先者计划来提高额度。

3. 出借人在拍拍贷网站注册，并对借款标进行筛选和辨别，选中投资标后通过第三方转账将资金出借给借款人。

4. 资金借入者，即借款人按期偿还利息和本金完成交易。

通过上面的分析，可以知道拍拍贷这种最早传入中国的P2P网贷模式其特点是平台只做中介方，借款人通过平台提交借款需求，平台方进行线上审核，然后发布借款标，出借人投标，平台不参与到借贷的资金交易中。对于借款人逾期对出借人的损失，平台也不给予垫付，借款人需要自己承担全部风险。

与拍拍贷模式类似的，是同样位于上海的点融网。点融网的创始人之一也是全球最大的网贷平台 Lending Club 的联合创始人 Soul。平台直接引进了 Lending Club 的技术和管理经验。点融网的优势在于充分利用互联网技术，实现低成本完成借款审核，并把借款份额进行拆分组合，让借贷双方直接形成自助式借贷匹配，并以第三方身份客观公允制定利率，利率在 9.49% ~ 23.99% 的范围内浮动，按照风险定价原则，根据借款人的信用资质和贷款性质等具体情况，由专业团队因人而异确定利率。这样不仅有效控制了违约风险，还给予了市场一定的自由度。但与拍拍贷纯线上审核模式不同的是，点融网除了以线上为主，还考虑到现在国内的实际情况，以线下信审和客户拓展作为辅助，另外也参与一些担保公司提供担保的项目。

点融网[1]一直要求出借人以小额分散的形式投资，并对出借人提供类似拍拍贷的本金保障模式，但需同时满足两个条件：第一，在点融网成功分散投资10笔以上：如果3个月内成功投满10笔以上，则本金保护从第一笔投资开始生效；如果3个月内投资少于10笔，则本金保护从第10笔成功投资开始生效。第二，单笔投资不超过此笔借款金额的10%，对同一笔借款的多次投标视为一次。如坏账金额大于累计净收益金额，则点融网对差额部分进行全额赔付。这种本金保障模式要求出借人能大量地分散投资，而且保障的金额并

[1] 网贷平台点融网，http：//www. dianrong. com/。

不完全，所以我们仍然把其划归为无垫付模式。

其实国内早期的 P2P 网贷模式多以无垫付模式为主，但因为中国信用体系的不完善，借款人的违约成本过低，出借人也难以通过互联网对借款人进行必要的风险判断，无垫付模式的出借人面临着本金损失的可能。实际上，无垫付无担保的这种模式保留了 P2P 网贷的原始风貌，在该模式下，平台仅作为信息中介方起到信用评级和成交配对的撮合功能，它所发布的借款均为无垫付无担保的信用贷款。由于这种信用贷款的模式对出借人提出了更高的要求，出借人必须能够拥有独立的判断和分析能力，能够根据自己的借款期限和风险承受能力来自主选择借款金额和借款期限。

3.1.2　担保模式

所谓担保模式是指 P2P 网贷平台方为了降低出借人的风险而提供的一种具有资金担保服务功能的借贷模式。在该模式下发生逾期违约后，出借人可以从资金担保方获得本金保障，或由担保资金池中的资金来补偿出借人损失的本金和利息，从而降低或避免出借人的损失。

对于出借人而言，担保模式相对于无垫付模式有一个较大的进步，即出借人将不再需要花费大量精力来对单个借款人进行风险判断。但其缺点是并没有真正地消除风险，担保模式实际上只是实现了风险转移，即把风险转移到了平台或者担保公司的风控和担保能力上面。

于 2009 年成立于深圳的网贷平台红岭创投首创了本金先行垫付模式，它也是国内成立最早的 P2P 网贷平台之一。众所周知，国内投资人对于理财普遍持相对保守的态度，即便是小额投资也都以求稳为主。在这种普遍保守的投资心态下，红岭创投推出的担保模式创新帮助其一下子抓住了市场的焦点而迅速崛起。目前红岭创投的成交量在业内排名前列，它也成为央行领导的中国支付清算协会牵头成立的包括工农中建交等国有商业银行在内的“互联网金融专业委员会”发起成员单位之一。担保模式的出现使得出借人的本金安全得到了一定程度的保障，网络借贷也随之进入增长的快车道。

担保模式的实现方式是多样的，根据担保资金的来源可以分为第三方担保和 P2P 网贷自身担保两种模式。

平台自身担保，是指由网贷平台自有资金或高度关联的担保公司为出借人的资金提供安全保障。在这种模式中，当借款逾期、出借人无法收回本金和利息时，平台会先行垫付本金给出借人，然后将此笔坏账划入平台名下或关联的担保公司，之后再对借款人进行追偿。该模式由红岭创投首创。

红岭创投❶成立了自己的担保公司深圳可信担保有限公司，可信担保在银行存有1 200万元风险保障金。一旦借款人出现逾期，红岭创投将对出借人的本息进行先行垫付。红岭创投以公司垫付为主，垫付资金通常通过公司利润抽取一定比例的备用金、收取的VIP年费以及担保公司的保障金等3个渠道获得。当然，由于资本所限，红岭创投不得不要求借贷超过10万元的公司进行资产抵押，以降低坏账风险。事实证明，垫付及担保制度的诞生极大地鼓励了出借人的热情，促进了平台的较快发展。红岭创投凭借“垫付牌”在一段时间曾成功领跑国内网贷行业。这种盈利模式的缺点和风险在于坏账率增加，当坏账率超过其赔付能力时，公司就可能无法兑现垫付承诺。正如红岭创投的创始人周世平所说：“‘本金赔付’其实是一把‘双刃剑’，一方面实现了为出借人保本，但另一方面却增加了网站自身的风险。”所以，本金赔付要求平台具有更强的风控能力以抵御可能会面临的风险。有很多倒闭的网贷平台都是因为风控团队建设不力，出现了无法偿还出借人本金的情况。

实际上，只要担保公司是高度关联公司，我们也将其归类为自身担保平台，譬如陆金所。陆金所❷产品的违约赔付、借款人的资质审核都由平安集团旗下的担保公司——平安融资担保（天津）有限公司提供。陆金所的《借贷及担保协议》显示，一旦借款人逾期超过80天，由平安旗下担保公司承保过的出借人均可向平安担保申请履行保证责任，由平安担保代偿包括借款人尚未偿还的全部本金、利息以及逾期罚息。2013年，陆金所P2P网贷业务的坏账率不到0.9%，陆金所的盈利来源主要是借款人、出借人和担保公司三方面的手续费收入。对借款人而言，借款成本除了8.4%～8.61%年利率外，还有支付给担保公司的每月1%左右的担保费。除提供借贷双方的中介业务，陆金所委托担保公司、第三方支付机构提供担保活动、借贷资金划拨等，平台按借款金额一次性向担保公司收取3%～4%的服务费。❸

第三方担保，是指担保资金由网贷平台以外的第三方担保机构来提供，

---

❶ 网贷平台红岭创投，http://www.my089.com/。

❷ 网贷平台陆金所，http://www.lufax.com/。

❸ 罗明雄：《P2P网贷模式解析》，http://blog.sina.com.cn/s/blog_7e58e1090101gmur.html。

在该业务模式下，出借人的本金保障服务全部由第三方担保机构完成，网贷平台不参与任何风险性服务。按照这一模式的定义，第三方担保机构需对网贷平台的借款进行严格审核。在该模式下，网贷平台不再负责坏账处理，也不承担资金风险，并且逐步剥离自身发掘考核项目的工作，只作为中介存在，提供金融信息服务。但是需要特别注意的是，第三方担保模式实际上并不能消除网贷平台的风险，而只是实现了风险转移。平台上的投资风险并没有真正消失，要对风险进行评估，就需要考察担保机构的风控能力以及赔付能力。

爱投资是一家典型的实行第三方担保的 P2P 网贷平台，其业务流程是：首先，由与爱投资[1]合作的第三方担保机构（主要是融资性担保公司）以及爱投资对企业及抵押物进行全方位的严格审核与尽职调查，深入了解企业的财务状况、盈利能力及资金用途；在得到担保公司出具的风险评估和连带责任担保，以及落实反担保手续后，针对此笔借款需求形成投资项目，由爱投资平台利用互联网的渠道面向所有网络个人出借人进行融资。爱投资目前在全国与 20 家融资性担保公司进行合作。爱投资除对担保公司有合作期内的授信额度控制外，还会对担保公司和企业进行贷后检查，监管贷后借款企业资金流向、提示担保风险、协助担保公司追偿等。同时，对担保公司及借款人主体设定风险对冲措施，来抵御合作机构及借款人信用风险。如使用第三方担保公司再担保、债权转让、资产包处理等形式，设置最后一道风险防线，保障出借人交易安全。

投资借贷项目总是有风险的，但关键是出现违约时怎样去平衡风险。担保模式在解决这种风险时就像是给出借人吃了一个定心丸。由于担保模式下的 P2P 网贷平台承诺在出现借款违约风险时，可为出借人垫付本金，该模式迅速为目前市场上绝大多数 P2P 网贷平台所采用。平台虽然承诺本金或者本息保障，但这并不意味着此类平台风险就会低。已倒闭或出现提现困难的平台中，大部分都承诺本息保障。关于相应的风险类型描述详见第五章。

3.1.3　风险准备金模式

垫付模式对 P2P 网贷平台有较高的资金储备要求，然而目前网贷平台公

[1] 网贷平台爱投资，https：//www. itouzi. com/。

司的注册资金大都远小于其自身业务杠杆化后的资金交易额。担保模式表面上看来似乎是个不错的选择，但是担保公司势必会从平台的业务中分得一杯羹。那么有没有一种既能提供类似担保功能，又不动用过多自有资金或引入第三方担保公司而失去一部分利润的方式呢？答案是肯定的。

风险准备金（又称风险保证金）计划是指 P2P 网贷平台公司建立一个资金账户，当借贷出现逾期或违约时，网贷平台将会动用资金账户里的资金来归还出借人的资金从而达到保护出借人的目的。资金的来源包括但不限于 P2P 网贷平台方自有资金、借款管理费、追讨回来的违约借贷的资金、出借人收益的分成提取等。

显然，风险准备金模式的优点是平台不再承担连带担保责任，平台倒闭可能性较小；但是其缺点是当出现大规模违约时，出借人的投资资金仍有潜在的亏损可能性。

风险准备金模式以人人贷为典型代表。人人贷公司是国内规模最大、知名度最高的网贷平台之一，成立以来人人贷累计成交量已经突破 20 亿元。人人贷的风险准备金账户是以人人贷名义单独开设的一个专款专用账户。人人贷从平台上每笔成交的贷款中收取一定比例的服务费作为风险准备金，其用途是平台上一旦发生坏账，人人贷将会自动通过风险准备金进行相应的垫付，这实际上形成了一个风险共担的机制。招商银行上海分行会对人人贷的风险备用金专户资金进行认真、独立的托管，并针对风险准备金专户资金的实际进出情况每月出具托管报告。

根据人人贷网站公布的 2013 年运营年报显示，到第四季度，其总逾期金额约 1 431 万元，逾期率为 0. 64%。风险准备金余额已达 2 453 万元，该余额与待还本金之比为 1. 94%，远高于坏账率 0. 64%。

一般来说，用户逾期欠款 30 天后，风险准备金启动，向出借人全额垫付本金，并开始催收，90 天后委托给专业机构进行催缴。由于人人贷采用的是风险准备金机制，从而公司承担的风险会控制在有限范围以内。如果风险准备金不够，额外风险会转移到出借人身上，所以人人贷也鼓励出借人将本金分散给若干个借款人，以降低风险。此外，人人贷执行的都是等额本息的还款方式，如果前三期连续出现还款问题，平台就会提前介入。

位于北京的网贷平台积木盒子，则采用了风险准备金和担保模式相结合的方式来保障出借人。在风控系统的前端，也就是如何识别风险的问题，积木盒子[1]由自有团队进行独立的尽职调查和风险评估，通过数据工厂、数据模型、第三方数据验证等方式进行信息的整理和验证。但无论怎么投入做借款人的尽职调查，风险总还有可能会发生，因此平台制定了风险缓释机制（担保代偿、风险金、互保金等），设计了四道防线来规避风险，未来一旦出现风险，会按照以下顺序来提取资金对出借人损失进行补偿：

1. 担保方的保证金；
2. 平台风险先行赔付准备金；
3. 担保方代偿；
4. 借款人互保计划。

引入担保，是为了规避本金及利息的违约风险；风险准备金，是为了改善小规模逾期时的出借人的用户体验；融资企业自愿参加的互保金池，是为了规避行业及区域的系统性风险。积木盒子这种“担保＋风险准备金”的形式，也是垫付模式的一种微创新，可以更灵活地进行垫付，优化出借人的投资体验。

上面提到的担保模式和风险准备金模式虽然在一定程度上降低了出借人的风险，但却在无形中加大了借贷平台自身的经营风险。银监会在2011年下发了《关于人人贷有关风险提示的通知》，警示银行业金融机构要与P2P网贷平台之间建立防火墙，防止民间借贷风险向银行体系蔓延。出借人在投资的同时，也要清楚平台在背后承担的风险。

3.2　扩张模式分类

前面提到由于国内征信体系的不完善，P2P网贷平台上的资金安全性一直为出借人所担忧。目前，绝大多数的P2P网贷平台都属于O2O模式（Online to Offline），即线下审核放贷，线上对接理财资金。O2O模式完美地实现了线下的借款与线上互联网融资的结合，但是该模式的缺点是借款人审

[1] 网贷平台积木盒子，http：//www.jimubox.com/。

核成本较高，难以在短期内迅速拓展借款人资源。线下审核的网贷平台一般是在某个城市设置总部，然后再将业务扩张至其他城市或区域。从扩张模式上来看，目前主要分为两大类，一是直营模式，二是加盟模式，下面将分别对其进行分析介绍。

3.2.1 直营模式

P2P 网贷平台的直营模式，是指由总公司直接在各个城市或区域成立办事机构或者开设分公司，并且由总公司统一管理各个分部的所有业务流程如融资、风控等业务的扩张模式，目前绝大多数平台都采用这种模式。下面以宜人贷为例对该直营模式作简单说明：

宜人贷是宜信公司 2012 年推出的网络借贷服务平台。宜人贷❶的母公司宜信是国内知名的 P2P 理财机构，宜信创造性地发明了债权转让模式，即宜信公司先将资金出借给借款人，然后从金额和时间上拆分债权，通过理财产品的方式在线下由业务人员转让给最终的资金出借人。这种模式需要对借款人进行线下面对面的审核，以选择信用度较高的借款客户；同时，通过地面式的营销可以找到更多有借款需求的人。由于这种债权转让模式的特点，宜信公司通过在全国各地开设办事机构和分公司来实现业务迅速扩张的需求，在宜信全国各地的网点中，大部分人员都在从事营销工作。他们的主要工作是去大街小巷宣传或者是通过各种关系去挖掘客户关系，从而找到有借款需求的人。其余一部分信贷审核人员，主要负责和借款人面谈，并审核资料和询问借款用途。据报道❷，宜信靠这种广开直营网点、快速营销的模式已经在全国近 100 个城市和 20 多个农村地区成功开设上百个网点，客户群已经达到了几十万人。而宜人贷则依托宜信公司的线下网点对借款人进行审核，然后通过宜人贷的平台对接线上出借人。

总部位于深圳的贷帮也是一家精耕了五年线下直营的网贷平台。在创立之初，为了有效控制风险，贷帮❸就着手建立专业的线下信贷管理团队，每个项目都要到实地调查，通过审批的项目才能推荐给线上出借人。贷帮的信贷

❶ 网贷平台宜人贷，http：//www. yirendai. com/。

❷ 赵晓悦：《唐宁辩白宜信模式》，载《21 世纪经济报道》2013 年 8 月 23 日。

❸ 网贷平台贷帮，http：//www. daibang. com/。

员会对分公司所在地的市场进行调研，取得潜在借款客户的基本资料并录入客户关系管理系统。当借款人有实际融资需求时，可向贷帮分公司提出借款申请，每个借款项目都必须按照严格的贷帮小额信贷方法进行贷前调查，确保借款人项目经营收入稳定且能覆盖每月还款，并且有其他还款来源。分公司调查完成后，将借款项目信息通过云信贷系统报到贷帮总部，信贷审批人员审核通过的项目才能在贷帮网平台上线撮合。2013 年贷帮共有 12 个线下网点，累计成交 1 亿元，借款人数达 1 000 余人，帮助了不少中部省份经济欠发达地区的个体工商户、中小企业主和创业农民，通过小微金融手段支持草根阶层创业，从而推动经济欠发达地区的经济发展。

此外，像人人贷、团贷网等也都采取了类似的多地建网点的这种直营业务的扩张模式；而陆金所也依靠平安强大的网点优势做足了线下的资料收集工作。

3.2.2 加盟模式

目前已有几十家平台正在如火如荼地开展网贷加盟活动，仔细研究他们的加盟模式，主要有两种：一是业务加盟型，二是平台加盟型。

业务加盟型是以借款人、出借人为纽带，把平台和加盟商联结起来，由总部进行控制经营。加盟商为总部开发业务，获取利润份额。这种加盟模式就是让加盟商成为平台在当地的业务操作员，让有资金需求的人在平台上发标，加盟商担负推荐借款人的功能，加盟总部担负业务对接功能。

业务加盟的优势在于平台可以不再受到借款人的地域性限制，即使平台的总部在深圳，也可以接受上海借款人的申请，前提是总部要在当地有加盟商。其不足是限制了加盟商的权限，难点是对于加盟商提供的借款信息的安全性调查。如果加盟商不对结果承担实质性的责任，则难免出现粗放调查，长久来看，出现大面积风险在所难免。如果总部对加盟商推荐的借款标不下放调查权，则其加盟就失去了意义，加盟商也不会有多大利润可言，将严重打击加盟商的积极性和加盟意义。

平台加盟型是一个整体的平台，各个加盟商进行地域划分，独立操作后台，各地区加盟商都能够在自己的平台上开展业务。这种模式相当于加盟商独立运营一家平台，自己操作经营。同时，各地区加盟商之间的业务可以横向联合推荐，实现联盟化经营。这种模式的优势在于资源共享，业务各自开发，风险各自承担，有利于平台做强做大，实现长远目标，形成巨型的网贷加盟集团或者经营联合体。但它也存在天生的缺陷：如某一加盟商出现跑路或经营倒闭，若处理不善，则会对整个平台的信誉造成影响。弥补的措施是总部可以向各加盟商提取风险准备金，以备非常之需。

365 易贷[1]是典型的网贷加盟模式的平台，主要以工作站的模式进行加盟。工作站要求：

1. 借款人的单笔借款额度在 50 万元以下；
2. 与 365 易贷平台按照收益分成比例承担风险赔付责任；
3. 协助 365 易贷平台催收和贷后管理；
4. 在 365 易贷平台上缴纳一定的保证金和加盟费；
5. 有站长、风控等人员。

工作站收入的主要来源为借款人的担保费。业务开展模式为，由工作站开发借款人，需要有抵押。365 易贷总部负责审核，然后发标借款。如果发生坏账，首先由工作站来全额赔付，365 易贷总部对借款有最终担保责任。工作站的保证金不允许用于投标，只能冻结在账户中随时准备赔付。

随着运营模式的逐渐成熟，365 易贷通过开拓新的业务品种和增设网点的方式来进行业务扩张。同时，增设直营办事处加强对工作站的管理，既能通过合作工作站模式快速占领市场，扩大业务量，又能有效管理。到 2013 年年底，365 易贷已设立基层网点 11 个，其中办事处 7 个，工作站 4 个，累计出借人 20 000 多人，借款人 5 000 多人，累计成交量 19. 2 亿元，贷款余额 2. 7 亿元。

3. 3　业务流程分类

3. 3. 1　P2P 全流程模式

早期在纯平台模式中，借贷双方的借贷关系通过双方在平台上直接接触，

[1] 网贷平台 365 易贷，http：//www. 365edai. cn/。

一次性投标达成。P2P 借贷全流程模式保留了欧美传入的 P2P 网贷本来面貌，即出借人根据需求在平台上自主选择贷款对象，平台不介入交易，只负责信用审核、展示及招标，以收取账户管理费和服务费为收益来源。P2P 全流程具体的借贷流程可分为以下三个步骤：

首先，出借人和借款人在平台上填写相关信息注册，出借人将其出借资金充值到平台虚拟账户之中，平台对出借人进行实名认证。

其次，经过审核的借款人填写借款信息，平台将其信息列入借款列表并挂在网站页面上。

最后，出借人浏览借款列表并进行投标，由平台进行信息撮合并确定最后有交易资格的出借人，至此借贷交易达成。资金划拨成功后，借款人必须按约定的还款方式还本付息，出借人得到相应的收益。

P2P 全流程模式要求平台直接从事借款人、出借人的开发以及交易的撮合，平台需承担多方工作，要跟进完整的资金流程。在理论上，P2P 全流程模式有一些天然的优势：筹资方便、高效率、低成本等。在 P2P 全流程中，网贷平台可以参与或不参与借贷的资金交易，而对于借款人逾期或违约造成出借人的损失，平台方也有垫付或不垫付两种模式。前面提到的人人贷和拍拍贷都属于全流程模式，该模式包括了目前国内 95% 以上的网贷平台。

3. 3. 2　P2N 模式

在 P2P 全流程模式中，P2P 网贷平台完成了出借人和借款人的整个交易过程，其中出借人和借款人的直接对接是该模式的一个显著特点。随着 P2P 网络借贷的发展，寻找借款人和担保公司这两项专业性较强而又复杂的工作逐渐被独立出来，交由一些专业的小额贷款公司或担保公司来完成。这种模式就是以开鑫贷、有利网为代表的 P2N 模式（“N”为多家机构，不是直接的个人对个人），即借款人来源于网贷平台合作的小贷及担保公司，并由小贷及担保公司提供担保，平台不参与借款人的开发及本金垫付。P2N 模式有两个特点：一是出借人不再直接对接借款人，其直接对接的对象是贷款机构；二是 P2P 网贷平台同时有可能演变为小贷公司的代理人（因小贷公司有监管，通过 P2N 模式的网贷平台，可以增加其表外收入），成为渠道商。

P2N 模式以开鑫贷为典型代表。开鑫贷[1]由国家开发银行合资子公司国开金融有限责任公司和江苏金农股份有限公司共同出资设立。江苏省政府金融办专门出台了《江苏省小额贷款公司开鑫贷业务管理办法（暂行）》，对江苏省小贷公司参与开鑫贷的业务进行全面规范化管理。开鑫贷平台已形成“开鑫贷 + 小贷公司 + 结算银行”的三角结构，一方面，依托优质小贷公司，保持金融服务的专业化，有效防范贷款信用风险；另一方面，通过商业银行资金结算和信息共享，在现有金融体制的框架下，将金融体系服务范围向下延伸，保持互联网平台的便捷性，切实防范操作风险与平台自身的道德风险。截至 2013 年年末，和开鑫贷合作的小贷公司已超过 50 家，位居全国小贷、担保机构与网贷平台合作数量的第一名，共扶持“三农”和小微企业近 2 000 家，借款人平均成本 14.38%。

开鑫贷建立了以优质小贷公司全额担保为核心的五层风险防控体系，主要包括：（1）严格的担保机构准入、退出标准，选取监管评级 A 级以上实力雄厚、经营规范的小贷公司作为担保机构；（2）对小贷公司进行开鑫贷额度测算，结合监管评级确定最高额度，并进行动态调整；（3）准入开鑫贷业务的小贷公司为借款项目提供全额本息担保；（4）小贷公司主发起人承担连带担保责任，即由准入小贷公司的主发起人签署承诺函，向小贷公司参与的开鑫贷业务提供不可撤销的连带责任担保；（5）建立风险准备金制度，所有参与开鑫贷业务的小贷公司根据开鑫贷公司授信额度缴纳风险准备金，构建全省统筹使用的风险资金池。

在这个模式中，小贷公司不但为开鑫贷推送借款项目，还为开鑫贷出借人提供连带责任担保。而小贷公司也可以从开鑫贷获得巨大的好处，他们不但可以把自己手上的借款人通过开鑫贷推送给更多的出借人，还可以通过开鑫贷获取额外的服务费收入。

P2N 的模式不涉及过多金融法律层面的东西，更像一个“小贷信息聚合平台”，但是它产生的行业杠杆效应却是巨大的。与传统的 P2P 全流程平台相比，P2N 平台的逻辑更加具备互联网属性。

---

[1] 网贷平台开鑫贷，http：//www.gkkxd.com/。

3.4　平台功能分类

3.4.1　个人信用贷款

网贷平台最为常见的一大功能是提供个人信用贷款。从广义上来说，个人信用贷款是一种无抵押无担保的贷款类型，是银行或其他金融机构向资信良好的借款人发放的无须提供担保的人民币信用贷款，额度一般不会超过10万～20万元，借款期1～2年不等，不同的机构贷款的条件要求、流程、审批额度都有不同。虽然没有担保抵押体系，但是金融机构通过对借款人相关信息进行审核，达到了规避风险的目的。一般来讲，申报个人信用贷款需要提供以下信息，如收入证明、银行内个人资信等级、个人职业信息等，以确保借款人具有还款的能力。

但是，由于中国金融体系的发展尚不成熟，信用制度尚不完善，所以此类贷款业务在网贷平台上的实现并不是十分顺利。在国内征信体系尚不健全的大背景下，网贷平台交易中借款人借款的违约成本较低，从而导致了高违约率和相当数量坏账的出现。因此，个人信用贷款在网贷平台上的实现还需要更为强有力的风险控制模式做支持。目前，这一网贷平台功能的典型代表为拍拍贷和陆金所，但其风控模式各不相同。

拍拍贷采用竞标方式来实现在线借贷过程，在国内较为典型。其平台借款流程大致如下：首先，借款人在平台上发布借款信息，提供其借款原因、金额大小、利率期限等，并给出最高利率。随后，出借人参与利率竞标，所需利率最低者中标。在此过程中，实行多个出借人共同完成一个借款人的资金出借，以分散风险。若未能在规定期限内筹到所需资金，则该项借款计划流标。其风险控制的特点主要有三：第一，规定借款人按月还本付息。这样，每月需还的款项较小，减小了还款压力。同时，出借人可以按月收到还款，风险随之降低。第二，一般是多个出借人出借很少的资金给一个借款人，以分散风险。这种多对一提供贷款的方式，减小了一旦违约对出借人造成的损失。网页上会有该借款人借款进度以及完成投标笔数的显示。如果资金筹措期内，投标资金总额达到借款人的需求，则此次的借款宣告成功，网站会自动生成电子借款协议。第三，信用审核引入社会化因素。即借款人的身份证、户口本、结婚证、学历证明等都可以增加个人信用分。但由于这些资料并不需要提供原件，所以有些情况下其真实性难以得到有效保证。对此，拍拍贷构建了以网络社区、用户朋友圈为辅助的信用评级系统。换言之，网站内圈中好友、会员好友越多，个人借入贷出次数越高，信用等级也就越高。这样，其信用评价体系变得更加全面，更加立体化。

陆金所上的借款人主要定位于急需资金周转的个体工商户。陆金所采用的是线上线下相结合的经营模式，为借贷双方提供中介服务。出借人主要来自于线上，有个人、中小企业、非银行金融机构等。借款人也主要来自于互联网。借款人在陆金所注册申请借款后，客服人员通过电话了解借款人的资金使用目的、借款人的还款能力信息，包括工作、居住、信用卡使用以及房屋、汽车等贷款情况。接着，借款人前往陆金所指定的线下网点，提交审核需要的所有材料。最终，通过线下材料审核达成借款协议，这在一定程度上保证了被审核材料的真实性。陆金所风险控制的特点主要有二：第一，依托了融资性担保公司的担保；第二，对市场进行细分，控制借款额度，分散风险。此外，陆金所还聚焦企业融资、金融资产交易、金融咨询等相关配套服务，从而摆脱了业务的单一性，使得个人网络借贷只是陆金所整个业务的一个组成部分。同时，陆金所还推出了债权转让服务等其他收入渠道，提高了资金的流动性。

3.4.2 房产抵押贷款

房地产抵押贷款业务是借款人以自有房地产作为抵押物向出借人提供担保，在平台上发标借款的融资方式。借款人也可以用已设有抵押权的房产再次设定抵押权，充分利用抵押物价值，使资产发挥其最大的变现能力。

典型的以房产抵押为主的网贷平台是国诚金融。国诚金融[1]的风控核心点在于对抵押物房产进行市场估值，同时结合客户的实际资金需求控制借款的

---

[1] 网贷平台国诚金融，https：//www. chengxindai. com。

成数[1]。围绕房产抵押进行尽职调查，风控可以分为软、硬两大措施。硬措施为借款人在提交借款申请时，风控人员会逐一地对抵押物房产的使用权、房产来源、产权调研的每一项精细化验证指标的真实性进行调研。相关证件、资料缺一不可，他项权证、在公证员的公证下签署公证书成为重要环节。软措施为通过直接和借款人的面谈，来判断借款人借款用途和还款来源的真实性。如果在交谈中发现借款人有隐瞒、伪造事实的情况，会立即停止贷款流程，从而保护出借人的资金安全。

3.4.3　车辆抵押贷款

车辆抵押贷款是指借款人通过将车辆作为抵押物来进行网络借贷的过程，通常用于解决短期资金周转的问题。通常情况下，汽车抵押贷款只能借到估值的70%左右。

车辆抵押贷款的流程，一般来讲，包括材料准备，现场查看审核，合同审批和赎当。具体流程如下：

1. 材料准备，借款方提供以下证件

个人：身份证、户口本、婚姻状况证明等。

公司：营业执照、代码证、税务登记证、章程及修正案等。

通用：机动车登记簿、行驶证、合格证、完税凭证、保单、购车发票等。

2. 现场查看机动车

双方到场，抵押物状况是否与权属证书记载一致，工作人员查看个人或公司资料并调查核实，填写勘查登记表。

3. 上报审批，并签署合同，办理公证

签订借款合同、抵押合同、当票等。个人需财产共有人签字抵押，公司需股东会决议同意抵押借款，填写他项权利登记申请书、委托书，填写公证表格，交纳公证费，办理公证。

[1] 成数，即所贷款的额度总额占整个抵押物价值的比例。

4. 赎当

当户结清当金及相关费息，出示当票或续当凭证当户联，填写赎当登记表（退费单），典当行交予当户房产证、他项权证、注销函。

于 2011 年上线的微贷网是车辆抵押贷款网贷平台的一个典型案例。微贷网[1]所有借款人的抵押车辆在微贷网均需办理抵押登记或过户手续，抵押车辆上也都会安装 GPS 定位系统，平台随时监控。另外，在前期审核方面，微贷网采取多重审核的方式。业务员是第一审，各营业部负责人再审，总部审核专员三审，并且效仿银行信贷员终身问责制的方式，采取了业绩、风险双捆绑的作业模式。

3.4.4 动产质押贷款

动产质押是指借款人或者第三人将其动产移交出借人占有，以该财产作为债权的担保。当借款人不履行债务时，出借人有权以该财产折价或者以拍卖、变卖的价款优先受偿。权利质押是转让所有权以外的财产权作为质押的担保方式。可以用于质押的动产有：通用机器设备及生产工具；交通运输工具；办公用品；库存商品及库存材料；依法可以质押的其他财产。

网贷平台一般对借款人提供的动产质押物进行下列审查：质押物权属的真实性、合法性；质押物的占有和控制；质押物的流动性；质押物的现值和变现价值；质押物的品质和有效使用期限；质押物是否重复质押等。

典型的使用动产质押的平台有涌金贷。涌金贷[2]是以动产抵质押为主营的网贷平台，其背景是杭州涌金仓储有限公司。公司的业务原本是为银行提供质押物存储仓库并承担保管责任，从中收取一定的管理费用。涌金贷运用原本积累的仓储质押经验以及借款人资源开设网贷平台，为能够提供足额质押物的借款人提供贷款。涌金贷负责对借款人的经济效益、经营管理水平、发展前景等情况进行详细的考察，并收取账户管理费和服务费等项目收入。

动产质押与房产、车辆抵押类似，都是以实物作为贷款的担保物，不过其质押物种类较为广泛。银行贷款条件一般都比较严苛，对于质押物以及贷

---

[1] 网贷平台微贷网，http：//www. weidai. com. cn/。

[2] 网贷平台涌金贷，http：//www. yongjindai. com/。

款额度有较多的限制。而类似涌金贷这样的平台贷款条件则较为灵活，可以拓宽质押物种类，并提供相对银行来讲更高的贷款额度。因此，只要保持质押物足额，这一类贷款的风险相对是偏小的。

3.4.5　股权质押贷款

股权质押贷款，是指股票持有人可以在不割售所持股票的情况下，通过将持有公司股份质押给网贷平台提供反担保，从平台上发标借款的融资方式。多数大额企业借款多选择股权质押模式。

这一形式相对于其他借贷方式有办理简单、流程快捷的特点。另外，期限灵活，额度自由，融资期限短则 30 天，长则 2 年，且质押期内融资额度可循环使用，适应各类融资需求。相比其他融资方式，需承担的综合资金成本也较低。

虽然股权质押贷款具有诸多优势，但其也面临着一些风险。首先，股权的转让也就意味着对股权价值波动的风险进行了转让。而股权价值波动一般都大于传统用于担保的实物资产。当质押企业面临经营困难时，股权市场价值下跌，转让股权所得价款极有可能不足以清偿债务从而带来违约风险。其次，由于一些未上市公司经营机制不完善，而且信息披露不够充分，质权人难以对其生产经营、资产处置和财务状况进行持续跟踪了解和控制，容易导致企业通过关联交易，掏空股权公司资产，形成违约。除此之外，法律制度方面的不完善也会导致违约时质权方无法获得清算补偿，从而带来较大的风险。并且，在对坏账下出质股权清算时，其股票估值也难以实施。这些都是股权质押贷款的风险来源。

3.4.6　银行过桥业务

过桥资金是一种短期资金的融通，期限以 6 个月为限，是一种与长期资金相对接的资金融通。提供过桥资金的目的是通过过桥资金的融通，使借款企业达到与长期资金对接的条件，而后以长期资金替代过桥资金。由于大部分网贷平台原本从事民间借贷业务，而银行过桥业务近些年需求量较大，比较普遍，因此部分网贷平台也将过桥业务纳入了其业务范围。

从风险控制的角度来看，银行过桥业务的主要风险在于银行是否续贷。由于过桥资金对于企业运营来说十分重要，承前启后，所以一旦落空，对于企业就会形成致命的打击。例如，当借款人的借款期限临近，需要凭借已得到银行后续贷款批复、寻求过桥资金渡过难关时，一旦银行了解到企业经营状况不佳，就很有可能当借款人凭借网贷平台提供的过桥资金归还银行前期贷款后，银行不愿意在短期内提供已经批复的后续贷款，从而使得借款人受到极大冲击，直接造成违约。所以如果放款行没有一定的放款保障，那么过桥业务就存在较大的风险了。

3.4.7 供应链金融

供应链金融服务是银行或其他金融机构向客户的供应商、制造商、分销商、零售商、最终用户提供的金融服务。银行或其他金融机构在向其直接客户（核心企业）提供融资和其他结算、理财服务的同时，也向这些客户的供应商提供贷款及时收达的便利，或者向其分销商提供预付款代付及存货融资的服务。简单地说，就是金融机构将核心企业和其上下游企业联系在一起提供灵活运用的金融产品和服务的一种融资模式。

目前国内运营此种功能的网贷平台主要有工商贷。工商贷[1]主要以货物质押为主，其主要过程如下：比如群泰联合供应链的金融需求客户委托工商贷发布借款信息，借款成功后，委托群泰联合供应链采购原材料，之后原材料进入借款客户工厂。在此过程中，群泰联合供应链负责监督生产出货。出货后，群泰联合供应链有权受托接受借款客户出货回款，再把回款转回工商贷借款平台。另外，也有一些平台要以借款企业应收账款作质押，进行相关供应链的金融业务。

供应链金融有很多优势，除了对借款者提供资金扶持外，还可以帮助其提升企业的盈利能力。比如说，工商贷的群泰联合供应链可以实现对借款方借钱后从采购到销售回款的全程监控，随时了解资金的最新情况。同时，还可以充分地发挥群泰联合供应链在资源整合、企业管理运营上的经验，最大限度地帮助其提升企业投资的盈利能力，以提高资金使用的效率。

---

[1] 网贷平台工商贷，http：//www. gsdai. com/。

但是，供应链金融也存在一定的风险。首先，由于用于供应链金融的货物质押品存在物价波动风险，这种价格波动最终会传导至借款人（核心企业）的生产成本，从而影响其收入和还款能力。其次，即使以应收账款作质押，也存在应收账款变成坏账无法收回的风险。最后，将供应链金融与 P2P 网络借贷结合后，由于平台方常是供应链上的核心企业，其通过网贷平台给供应链上的关联企业融资，存在风控上的道德风险。

3.4.8　混业经营

混业经营是指 P2P 网贷平台同时经营车贷、房贷、动产质押、转贷、票据、股权质押、上下游供应链货款等多种业务的经营方式。以安心贷为代表，其同时经营房产抵押贷款、联保商贸贷款和股票质押贷款业务。混业经营要求平台有不同领域的风控人才，对平台的风控技术是个严峻的考验。不过业务范围的广泛，也利于平台和出借人分散风险。

第四章
国外网络借贷平台商业模式分析

由于国外网贷平台发展较早，而且对国内平台的发展带来了很大启示，所以对国外网贷平台的比较研究很有必要。从目前来看，国外平台事实上仍然以提供个人贷款为主，虽然也有中小企业贷款，但是相比较少。在借款利率上，也主要采取两种决定方式：一种为供需双方竞标的市场化方式，另一种则是平台自己通过对借款人的信用进行评级确定利率。最终，所有的平台都是靠收取借款达成后的费用实现盈利，并且依靠网络平台大大减少了传统借贷渠道的交易成本，从而实现了更高的借贷利率和更好的收益，但同时也承受了更高的违约风险。

网贷平台在发展之初就遇到了金融监管方面的诸多问题。由于其并不属于传统银行、证券或保险业，所以对其金融行为的合法性质疑不断，不同国家、不同金融环境下的发展历程也不尽相同。

4.1 国外网络借贷平台发展历程

P2P模式的贷款最早发源于2006年诺贝尔和平奖得主尤努斯教授。2005年，英国出现了第一个P2P网贷平台Zopa，并成为当今英国最大的P2P借贷平台。2010年，Funding Circle平台成立❶，其主打对中小企业的贷款，目前为英国第二大规模的网贷平台。同年，RateSetter在英国成立❷，第一次利用准备金对出借人进行保护。随后，一家名为Lending Works的平台也建立起来❸，在已有模式的基础上使用保险对违约风险进行进一步控制。然而，在网贷行业发展一片大好，网贷平台如雨后春笋般出现的时候，2011年，一家名叫Quakle的网贷平台因为近乎100%的违约率而被迫关闭❹，其类似于eBay的回馈式信用评级方式被证明是完全行不通的。而这一事件也使得英国政府对网贷行业更加关注，并采取了相应措施进行行业调整。

与英国相比，美国网贷行业的发展则有所不同。2006年，Prosper在美国

❶ 英国网贷平台Funding Circle，www. fundingcircle. com/。

❷ 英国网贷平台RateSetter，www. ratesetter. com/。

❸ 英国网贷平台Lending Works，www. lendingworks. co. uk/。

❹ 胡文静：《P2P网贷洗牌风暴：借鉴国外风控与加强自律》，21世纪网，http：//finance. 21cbh. com/2013/xintuo_1113/927720. html。

上线，标志着美国现代网络借贷行业的开始。不久，Lending Club 也应运而生。而那时的平台对借款人的借款限制很少，进而导致了行业内逆向选择问题频发，违约率居高不下。2008 年，美国证监会依据 1933 年证券法案，要求所有网贷平台必须将自己的产品以证券形式在证监会进行登记。这一整改政策产生了重大影响，登记过程费时费力，美国网贷行业两大巨头 Prosper 和 Lending Club 纷纷停止了贷款服务，以完成相关程序。而行业先驱 Zopa 在巨大的冲击下，不得不退出美国市场。但是，这一举措使得各个平台对自己的资产结构和运作方式进行了进一步的优化，大大提高了行业贷款的信息准确度和透明度。2009 年，Zidisha 在美国上线[1]，成为美国第一家非营利性跨国网贷平台。它将世界各个国家的借款人与出借人联系起来，形成了金融史上第一个不需要国家金融中介信用审批的金融平台。2008 ～ 2011 年间网贷平台的迅猛发展，一方面得益于互联网的普及和进步，另一方面也得益于金融危机的影响。金融危机发生后，银行和其他传统金融机构资产缩水，贷款难度大大增加，所以网贷平台成为很多借款人的第一选择。与此同时，更大量的借贷也意味着行业面临着更大的违约风险，这对行业的发展提出了新的挑战。2012 年，Lending Club 超越 Prosper 成为世界最大的网贷交易平台。

相比国外，国内的网贷平台正处于初步发展阶段，目前并无明确的立法。随着网络的发展，社会的进步，此种金融服务的规范性与合法性会逐步加强，在有效的监管下发挥网络技术优势，实现普惠金融的理想。

4.2　主要国外网络借贷平台简介

4.2.1　Zopa

4.2.1.1　公司简介

作为全球首家 P2P 网贷平台，2005 年 3 月，Zopa 成立于英国伦敦，创立者为 Richard Duval、James Alexander、Sarah Matthews 和 Dave Nicholson。

---

[1] 美国网贷平台 Zidisha，https：//www. zidisha. org/。

4.2.1.2 工作流程

Zopa 提供的是小额贷款，金额在 1 000 ～ 20 000 英镑之间。[1] 首先，是借款人在网站注册并提出借款申请，同时提供详细的个人信用情况。Zopa 在 24 小时内审核借款人的信用情况，并确定借款人的信用等级。在信用评级方面，Zopa 首先会根据借款人提供的各种详细信息，并结合英国信用管理部门出具的个人信用报告，将借款人按信用等级分为 A*、A、B、C、Y，其中 Y 指年龄在 20 ～ 25 岁之间的年轻人。被 Zopa 评定为 C 等级的借款人的信用要普遍高于一般民众，这意味着如果你是一个信用历史很差的人，将无法在 Zopa 借到款。而针对 20 ～ 25 岁年轻人这样一个特殊群体，Zopa 不会要求他们有较长时期的良好的还款记录，而是根据个人的工作及收入情况进行借款资格的评定，这为年轻人提供了一个不错的借款渠道。被划入不同等级的借款人会获得该等级的最低的一个借款利率。值得一提的是，Zopa 每天的利率都不相同，它的实时利率由 Zopa 的借款人来确定，如果借款人对当天的利率不满意，可以第二天再去确认新的利率，直到满意再提交借款申请。

对于出借人来说，他可以根据借款人的信用等级、借款金额以及借款期限来确定向谁出借资金。Zopa 在整个借贷交易过程中代替银行成为中间人，负责法律文件、信用认证、资金转账、雇用代理机构为出借人追讨欠款等事务。

Zopa 的收入来源于向出借人和借款人收取的中介服务手续费。对于借款人，根据其借款的具体金额、期限等收取不同比例的费用，对于出借人收取其贷款额 1% 的费用。

4.2.1.3 风险控制

Zopa 希望能用各种保护措施降低出借人的风险，主要通过将借款人进行信用分级、强制要求借款人按月分期偿还贷款、要求借款人必须签署法律合同等方式。除了和银行一样进行严格的信用审核外，Zopa 还通过分散投资来最小化出借人的风险，具体做法是强制将出借人的每笔贷款额划分成以 10 英镑为单位的若干笔，然后贷给若干借款人。例如，如果出借人贷出 3 000 英

---

[1] http：//www.zopa.com/borrowing/get－a－loan。

镑，那么这些钱至少会被贷给300名借款人。

4.2.1.4　运营特点

Zopa模式的特点在于严格的划分信用等级、分散贷款、强制按月还款，从而较好地控制了风险。多对一的分散式贷款形式和严格的登记划分，使得平台的风控有了一定的保证。再加上强制按月还款大大减小了还款人短期内的还款压力，从而大大降低了违约的可能性。同时，Zopa在其网站上不仅提供公司的发展历史、资金来源、管理层人员信息，还提供了适时更新的数据和借款人、出借人的特征分布情况，从而可以了解坏账率、回报率等一系列统计数据，便于出借人和借款人更好地作出决策。

4.2.2　Prosper

4.2.2.1　公司简介

美国的Prosper成立于2006年2月，是美国第一家P2P网贷平台，也是全球最有影响力的P2P网贷平台之一。

4.2.2.2　工作流程

Prosper提供的小额贷款，金额在2 000～35 000美元之间，期限分为3年和5年两种。[1] 借款人注册成为Prosper会员，并填写借款金额、目的、期限以及愿意支付的最大利率，生成借款列表。在借贷匹配上，Prosper采取竞标模式，即在14天的竞标期限内，出借人提出各自可贷出的金额及可接受的最小利率与借款列表进行匹配，直到借款列表的金额全部筹满，达到“满标”。由于Prosper以最低利率成交，之后其他出借人还可以提出更低的利率进行竞标。一旦14天期限到，该投标过程则结束。若愿意出借的金额大于借款需求，其中提供最低利率的几位出借人将中标，并按照中标者中的最高利率获取回报。完成借贷匹配后，借款人每个月向出借人定期还款。[2] 与其他P2P网贷平台不同的是，Prosper的出借人不直接与借款人形成借贷关系，而

---

[1] http：//www. prosper. com/loans/loan－types/。

[2] http：//www. prosper. com/help/。

是通过购买 Prosper 发行的票据（每张票据的面值是 25 美元），Prosper 再将获得的资金贷给不同的借款人的方式进行，因此这些票据的收益与借款人支付的现金流密切相关。

所有美国合法公民（爱荷华州、缅因州及北达科他州除外），只要拥有社会保障号码、银行账户，以及至少 640 分的信用评分（Prosper 通过 Experian 公司取得信用评分），都可以注册成为 Prosper 的借款人。Prosper 对所有借款人进行信用评级，根据信用情况分为七级：AA、A、B、C、D、E 和 HR（High Risk）级，信用等级与贷款利率挂钩。

Prosper 向借贷双方收取手续费，根据借款人的信用等级，收取不同的费用，向出借人收贷款额 1% 的手续费。

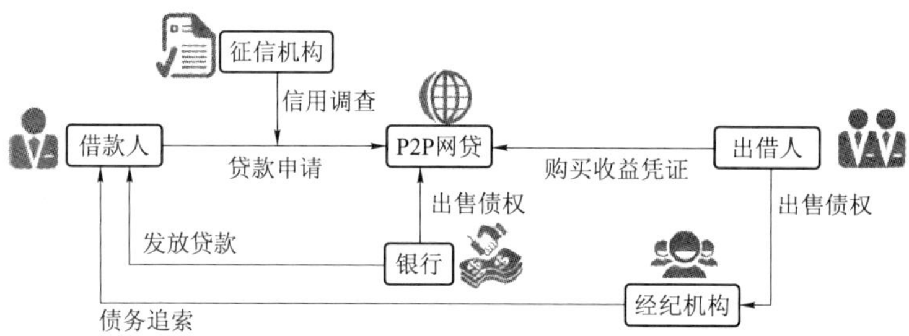

资料来源：网贷之家

图 4－1　美国的 P2P 网贷平台流程

4.2.2.3　风险控制

Prosper 通过一系列计算机及网络安全技术来保障借款人和出借人的个人信息及账户安全，并通过借款人信用评级、反诈骗和身份审查、分散出借人资金等方式来最小化资金风险。在出借人进行投资前，Prosper 会给出一个坏账率，供出借人参考。

4.2.2.4　运营特点

Prosper 将市场数据公开在网站上，其主要目的是鼓励社会各界对其进行研究。事实上，经济学、社会学、信用分析机构等学术界通过对 Prosper 市场数据的深入研究分析，总结了很多有价值的研究结果，更好地促进了 Prosper 的发展。

与 Zopa 不同的是，Prosper 在利率决定上采取的是竞标模式。竞标模式的优势在于，利率完全由借贷双方市场化决定，平台只是作为中介机构并不形成利率。但是，部分出借人相对不理性的信用评级和竞标利率，增大了整个借贷市场的风险。

4.2.3　Kiva

4.2.3.1　公司简介

Kiva 成立于 2005 年，是一个非营利的 P2P 网贷平台，主要面向以发展中国家低收入企业和个人为主的借款人。其总部位于美国旧金山，合作的第三方支付平台是 PayPal。Kiva 的使命是通过借款来联系收入低下的群体从而帮助减轻贫困，通过全球互联网和小额贷款金融机构，Kiva 让出借人仅仅通过 25 美元大小的借款，就可以达到帮助减轻贫困的目的。

4.2.3.2　工作流程

Kiva 的工作流程主要分为六步[1]：第一步，借款人先去当地的与 Kiva 有合作关系的小额贷款机构（Field Partner）申请贷款；第二步，小额贷款机构通过审查后将资金贷给借款人；第三步，这些小额贷款机构将借款需求发给 Kiva，由其志愿编辑及翻译团队进行整理后发布在 Kiva 的官方网站上；第四步，Kiva 的出借人在网站上选择借款列表，发放贷款，Kiva 将贷款送到相应的小额贷款机构；第五步，借款人将资金还给小额贷款机构，由其还给 Kiva，再由 Kiva 还给出借人；第六步，出借人可以将钱进行再贷款，或者捐给 Kiva，或者从账户中把钱取出（70% 的出借人选择再贷款）。

Kiva 提供的是无息贷款。作为 Kiva 的出借人，每笔贷款是没有利息的。Kiva 也不会向其区域合作伙伴——那些小额贷款机构收取利息，但是小额贷款机构会向借款人收取非常低的利息来维持运营，那些收取高利息的小额贷款机构，是不会被 Kiva 选为合作伙伴的。[2]

4.2.3.3　风险控制

由于 Kiva 的服务对象来自于全球贫困国家和地区的低收入借款人，除了

---

[1] http：//www. kiva. org/about/how/more。

[2] http：//www. kiva. org/partners/info。

面临来自借款人本身诸如经营不善、疾病、内乱等导致借款人无法按时还款等风险外，Kiva 还面临来自与其合作的世界各地小额贷款机构的风险，如破产、欺诈、运营困难等，甚至宏观层面的风险，如汇率波动、政治因素、自然灾害等。在如此复杂的前提下，Kiva 通过严格审查各地小额贷款机构（合作伙伴）的资信来降低小额贷款机构的风险，并通过分散出借人贷款给不同借款人来降低出借人风险。除此，由于 Kiva 主要通过美元进行结算，因此务必要考虑汇率波动所带来的风险，例如，如果美元对当地货币升值超过 10%，出借人将不得不承担货币损失的风险。另外，Kiva 认为 Kiva 像其他任何组织一样，自身也存在潜在风险，因此，其将所有借贷人往来的资金与本身的运营资金分开，独立运作，以保护借款人利益。

4.2.3.4 运营特点

Kiva 是纯公益性的无息贷款，不向出借人和合作伙伴（主要是小额贷款机构）收取服务费用，其自身的运营资金来自企业的捐赠及广告合作。Kiva 是公益性 P2P 网贷平台的代表企业，与不同国家的小额贷款机构合作是其有别于其他 P2P 网贷平台的一个显著特点。

4.2.4 Lending Club

4.2.4.1 公司简介

Lending Club，成立于 2006 年，位于美国旧金山。其为第一家注册美国证券交易委员会（SEC）安全标准的 P2P 网贷平台，并且提供二级市场内的贷款交易。Lending Club 通过让出借人购买贷款抵押票据的形式获得资金，提供给借款人。截至 2013 年 11 月，Lending Club 的贷款规模超过了 30 亿美元，每天有接近 780 万美元的贷款形成。[1]

4.2.4.2 工作流程

Lending Club 贷款的主要对象是具有较高信用资质的群体，出借人在这里可以按照信用积分和风险指数来分类浏览各种借款人和贷款项目，Lending

[1] http：//en. wikipedia. org/wiki/Lending_Club。

Club 为出借人定制和开发了达到金融业风险控制行业标准的交易平台。

借款人在 Lending Club 的网站里需要提供个人信息、相应的贷款额、贷款用途以及信用级别（一般要求信用评分 600 分以上）的相关资料。在贷款额度方面，一般都是在 1 000 ～ 35 000 美元范围之内的小额贷款。Lending Club 作为平台和服务提供商，会根据这些贷款申请者的信用记录、预期贷款额度以及还款能力等多种因素来对其进行贷款风险级别的认定，随后会更进一步根据其贷款额确定相应的利率和手续费等。其中，1 000 ～ 9 975 美元的贷款只可以申请 3 年期，更高的额度才可申请 5 年期同时也对应着高一些的还款利率。❶

出借人在网站上可以根据各种贷款项目的信息和 Lending Club 对其进行的各种信用和风险方面的评估进行浏览和搜索。还款利率是 Lending Club 制定的，出借人无法进行调整。但是出借人可以自行决定投资数额，一个出借人可以同时对多个借款人提供贷款，每笔投资最少 25 美元，这就给出借人提供了很大的灵活度。这类似于股票等金融产品的投资组合，但风险更加可控。

Lending Club 的利润主要来自于对借款人收取的手续费和对出借人收取的管理费，前者会因为借款人个人条件的不同而有所起伏，一般为贷款总额的 1. 11% ～ 5%；后者则是统一对出借人收取同样的 1% 的管理费。

4. 2. 4. 3　风险控制

为了有效降低违约风险，Lending Club 现在主要把目标放在那些较高信用等级的出借人群上，有 90% 的贷款申请被驳回，并将潜在风险较高的借款人其对应的还款利率提得较高。总的来说，由于其在利率决定上主要参考由申请人 FICO❷ 信用积分通过所有权模型生成的信用排名，所以信用积分只有达到一定水平才有可能获得贷款，一定程度上减少了贷款违约的可能性。

4. 2. 4. 4　运营特点

Lending Club 营运模式的核心点是帮助借款人和出借人减小开支。和普通银行以及一些信用机构相比，其 P2P 的方式，使得资金流和对资金流的管理

---

❶ https：//www. lendingclub. com/public/borrower – rates – and – fees. action。

❷ FICO 信用分是由美国个人消费信用评估公司开发出的一种个人信用评级法，已经被社会广泛接受。

更加直接、透明，从而减少了资金链两端人群的支出。对于借款人来说，降低了还款利息；而对于出借人来说，回报率得到了提高。另外，其由平台进行信用评级和利率确定的方式也在一定程度上控制了风险。

Lending Club 在利率决定上主要采取平台设定的方式。平台根据借款人的信用评分、信用历史、借款总额以及借款人的债务收入比例等信息，来决定其是否有资格获得贷款，若可以，则进一步利用其模型计算借款人的信用分数以给出借款人所需付出的利息和费用。出借人可以通过平台浏览借款列表中的借款信息，并根据自身的回报所需选择借款项目，通过支付购买最小面值为 25 美元的平台票据来达成投资。

在 2008 年全球金融危机和随后的缩减信用贷款的大形势下，Lending Club 悄然兴起。在一般不超过 35 000 美元的普通的借款项目中，绝大多数用户的借款用于个人生活方面，如举办婚礼、买车等。这其中有 72% 的成交量是用于信用卡还款，因为在一般情况下，Lending Club 的借款利率比信用卡透支利率低，而且能有 3 ～ 5 年的借款期限[1]，减缓了借款人的还款负担。

---

[1] 《Lending Club 七成贷款是信用卡还款》，http：//www. wangdaizhijia. com/news - more - 6037. html。

第五章
网络借贷行业风险

网络借贷依托网络的发展而产生，目前依然处在整个行业的发展初期，国家对于网络借贷行业的发展也尚未专门出台政策法规及相关行业管理法则。在这样的宏观环境背景之下，网络借贷行业没有明确的行业准入门槛，有些平台仅仅是购买了廉价网站模板并简单修改后便匆匆上线。行业内部没有明确的行业规范，使得快速发展的P2P网络借贷大军从一开始便无法确保质量，呈现了目前良莠不齐、鱼龙混杂的现状，使网络借贷的行业风险也日益凸显。本章将从网络借贷行业的角度，分别对网贷行业参与方所面临的不同风险进行分析。

5.1 审贷风险

审贷是一家网贷平台最关键的技术，而审贷中的关键点又在于贷款额度的控制。贷款额度是根据借款人提供和出示的相应资产的数量价值、形式以及借款人出具的借款理由，通过对借款人的综合表现进行审核，可以考虑向借款人借贷的最大贷款额度。目前P2P网络借贷大致分为抵押贷款和信用贷款。抵押贷款须保证抵押物价值，确定抵押率，确保抵押物价值能覆盖借款人违约金额。而信用贷款由于无抵押物，需要更加严格的审核[1]。

对于信用贷款，P2P网络借贷行业往往采用信用评级的方式，根据借款人的基本信息、财产状况、财务收支、企业经营、以往信用记录等多项指标进行综合评价；再根据不同的信用等级给予与之相匹配的信用额度。P2P网贷中的信用评级一般是由网贷平台通过对借款人信用信息的分析，反映其偿债能力和偿债意愿，对其违约风险进行量化评价的过程。由于我国征信体系尚不成熟，网贷平台通常难以核实借款人在银行体系之外的债务状况，甚至有可能出现冒用他人信息，一人注册多个账户骗取借款的情况。并且，平台对借贷资金的用途难以实现有效的审贷和贷后管理，缺乏借款人违约后的有效制约手段。在这种情况下，P2P网贷平台对于借款人自身的信用评级往往

[1] 何晓玲、王玫：《P2P网络借贷现状及风险防范》，载《金融视线》2013年第7期。

困难重重，使得网络借贷公司进行贷款额度的控制变得更为艰难，从而加大了网络借贷公司的贷款额度控制的风险。

在中国现有的国情下，大部分网贷平台为了更好地控制借款风险大都采用线下审贷，而不会仅仅通过网上为借款人评定信用级别。实地考察借款人的资产情况，且从借款人周边了解该借款人的信用及财产情况，在更客观地评估借款人的偿还能力之后，根据所了解的信息确定给予借款人的借贷额度。但此种方式所耗费的人力、物力成本较高，且有地域局限性，无形中增加了借贷成本。

基于信用贷款审核所面临的困难，目前多数网贷平台采用了抵押贷款的形式，一般将抵押物抵押到平台法人或工作人员，甚至一些大额出借人名下。但抵押贷款同样面临着根据抵押物的市价估算、抵押率的确定、抵押权的效力以及抵押物的处置等问题，而且抵押贷款一般较信用贷款额度更大，所以，虽然有抵押物，但一样考验着平台的审贷技术。

审贷风险具体表现为借款人出现逾期或违约。目前仅有少数平台公布逾期借款人名单，如拍拍贷、红岭创投等，出借人可随时查阅逾期信息。

在 2013 年出现问题的网贷平台中，也有不少无过硬的审贷技术就匆忙上线的平台。几笔逾期便使得大量出借人的资金难以收回，平台负责人也难逃法律责任。如武汉的中财在线❶和常州的汇宝信贷❷就是这方面的典型案例。

5.2　中间账户风险

中间账户是指为降低双方交易风险而在第三方机构开设的用于存放双方交易资金的托管账户。P2P 网络借贷中间资金账户的开设是为了便利交易核实与过账，其设立是网贷平台的必要组成部分。中间资金账户通过监管资金流的来源、托管、结算、归属，详细分析信贷活动实际参与各方的作用，以

❶ 高谈、荆丽娟：《网贷平台担保乱局》，载《第一财经日报》2013 年 8 月 29 日。

❷ 《曝光：汇宝信贷提现出现困难》，http：//bbs. wangdaizhijia. com/thread - 63980 - 1 - 1. html。

及对中间资金账户进行“专户专款专用”监控。

目前，国内P2P网贷平台普遍在银行和第三方支付平台开设中间资金账户，实现中间的转账结算。而资金托管方的普遍态度是允许开户，但不承诺监管。这样的现实情况使得中间账户的资金和流动性情况处于监管真空的状态，银行由于无法评估网贷风险是否会冲击银行体系，往往会拒绝为网贷行业提供第三方监管的要求。因此，即使是在第三方支付的账户中，资金的调配权（使用权）仍然在网贷平台手中。

缺乏监管的中间账户使得P2P网络借贷行业面临着严重的中间账户风险，平台机构能自由支配资金，就使得中间账户俨然成为该机构为自己设立的一个资金池。在监管机构尚未监管的情况下，平台机构在资金支配上完完全全依靠该机构自身的信用。此外，还存在人为风险，如平台员工私自更改账户或者黑客入侵。

无法全面地防范中间账户风险，对于网贷平台自身以及出借人的资金都存在隐性危险。目前提供资金托管服务的第三方支付企业包括汇付天下、环迅支付、国付宝、易宝支付、双乾支付等。

在众多网贷平台中，上海互利网借贷的支付方式避开了中间账户的环节。该平台所有借款直接由出借人汇款至借款人账户，平台方不接触借贷资金。出借人在互利网确认投标后，将会跳转至网银，出借人须通过网银自行将出借资金汇入借款人账户。将汇款截图发给互利网工作人员后，互利网将会确认该笔出借资金。

借款人在互利网审核通过后，需要其本人开设一个新的借款专用账户，并将其查询密码提供给互利网方便其监控。出借人的投标资金进入该账户，并且开设自动转账功能，每月自动从此账户将款项打入出借人账户。互利网可监控账户资金来往，及时了解还款状况，但无法触碰资金。

借款完成后，互利网会为每一位出借人拟定一份借款协议，借款人必须到互利网指定网点在每一份借款协议上签字确认。纸质借款协议连同借款人资料将会发至每一位出借人。

目前，可能仅有互利网一家采用银行直接转账的出借方式。互利网通过这种机制避免了中介方挪用资金的可能性。而实行这一做法，平台需要耗费更多的人力成本，并且出借人投标步骤增多，用户体验会较差。

5.3　担保垫付风险

5.3.1　网络借贷行业的担保垫付模式

自红岭创投开创网贷行业担保垫付的先例之后，这一模式受到其他平台的纷纷效仿。经过几年的发展，为出借人提供担保垫付的模式已经成为行业主流。在网络借贷过程中，担保公司为了网络借贷的高担保费率会为网络借贷过程中的具体贷款业务提供担保服务。在担保公司进行担保的网络借贷业务中，一旦出现贷款不能追回的情况，往往由担保公司出资还款。现实中的P2P网贷平台并不是所有的平台都有担保公司担保。平台公司引入担保公司，往往是为了降低网贷平台自身现在存有的信用风险，从而增加其网络借贷业务。[1]

P2P网贷平台若试图通过与担保公司合作分散风险，那就必须对担保公司让利，支付高额担保费。对于平台而言，与担保公司合作虽然能降低平台贷款风险，但同时减少了公司利润。网贷与担保若想相互搀扶开发市场，还需分配协调好相互的利益关系。

另外，不少网贷平台虽与担保公司合作，但担保公司事实上是平台的关联公司。与正规的第三方担保模式相比，这样的担保公司难以对平台借款业务施加有效约束。这类网贷平台自己担保自己放款的模式受到普遍的质疑。

5.3.2　担保公司的困境

对于网络借贷中的担保公司以及网络借贷行业自身而言，担保风险始终存在。担保公司资金链条脆弱，这几乎是除去一些拥有银行、政府背后支持的大担保公司以外的所有小担保公司所面临的共同问题。我国的担保费一般

[1] 朱绩崧：《尝鲜P2P网络借贷业内：认清风险注重投向》，载《新民晚报》2014年2月28日。

是担保额的3% ～ 5% 。而担保客户一旦违约，担保公司就需要100% 代偿，[1]这就使担保公司在一个低收益的基础上承担了极高的风险。因此，担保公司就会想尽办法让自己的担保客户从银行多贷，然后让客户多贷的部分资金流入担保公司，再由担保公司转手放贷以获得比3% 保费更高的利差收入。

我国担保费率低的先天不足不仅是担保公司的生存难题，更是其承担风险能力无法提高的短板。这也注定了担保公司不可能给出借人提供充分的保险公司的安全感。

《中小企业融资担保机构风险管理暂行办法》规定，担保机构担保责任余额一般不超过担保机构自身实收资本的5 倍，最高不超过10 倍。而网贷公司担保倍数突破10 倍警戒线是业内常态，一旦发生系统性风险，大面积的违约将拖垮网贷平台。就国外成熟的平台Zopa 和Prosper 的经验来看，由于二者分属有担保和无担保模式，这决定了二者的风险和收益水平差别非常明显。具体而言，Zopa 历史上的逾期坏账率一直控制在2% 左右的水平，而Prosper 的平均坏账率水平达到7. 42% 。与之相对应的是Zopa 的收益率水平一般在5. 6% ～7. 5% ，而Prosper 的平均收益率则高达17. 11% 。[2] 就目前国内网贷平台的收益率水平来看，其普遍在15% 以上，且不同模式之间收益率的差别并不明显。因此，可以认为，这其中很大一部分较高的收益率体现的是出借人对于网贷平台风险所要求的溢价。

5. 3. 3　网络借贷平台的资金杠杆

资金杠杆指的是在金融中任何能够扩大收益和损失的资金融通技术或方法，包括了投资方面和公司金融方面。投资方面是指通过期权、期货、保证金交易等金融工具实现杠杆化，并得到由其价格波动所产生的收益或损失。公司金融方面指企业通过负债融资，扩大财务杠杆，在不增加权益资本的情况下，扩大企业的投资能力。杠杆化最明显的风险就是扩大损失。一个企业如果负债过多，在经济下滑时可能会面临破产倒闭，而一个杠杆化比较低的企业则可能幸存。利用杠杆得到更多投资机会的企业往往也面临着相应的杠

---

[1] 春燕：《网贷与担保结合，貌合神离》，钛媒体，http：//www. tmtpost. com/52687. html。

[2] 潘晟：《P2P 行业繁芜丛生》，上海金融新闻网，http：//www. shfinancialnews. com/xww/2009jrb/node5019/node5051/node5052/userobject1ai123307. html。

杆风险，这样的风险在P2P网贷平台中同样存在。因此，网贷平台往往通过控制平台的杠杆倍数等因素来降低自身的杠杆风险。

杠杆倍数一般是指资产负债表中总资产与权益资本的比率。网贷平台的杠杆倍数，与成交量、坏账率、公司自有资本这三大数值有着非常密切的关系。公司自有资本越高，平台成交量越低，坏账率越低，则此平台的风险就越小。在研究网贷平台是否安全时，首先需要考虑的三大因素就是：公司自有资产、平台交易量、坏账率。由此，可推算出此平台的杠杆倍数。对于网贷平台来说，一旦平台杠杆倍数过高，其资产不足以覆盖坏账，平台资金链就会出现重大风险，正常运营也会出现重大风险，平台就会面临经营危机。

根据《融资性担保公司暂行管理办法》[1] 的规定，融资性担保公司的杠杆不得超过净资产的10倍。但在实施担保的P2P平台中，其净资产往往只有百万甚至数十万，但平台上的贷款余额却可能高达上千万，远超过10倍杠杆的要求。以10倍杠杆为例，其平台借贷只要出现10%的坏账风险，平台就已经面临破产的危险了。其本金保障的可信度存疑，承担的风险过大。[2]

表5－1中对比了P2P网络借贷公司与小贷公司、担保公司以及银行之间的杠杆倍数。

表5－1　网贷平台和其他金融机构监管比较

小微业务	P2P网贷平台	小贷公司	担保公司	银行
杠杆倍数	—	同一借款人的贷款余额不得超过小额贷款公司资本净额的5%。在此标准内，可以参考小额贷款公司所在地经济状况和人均GDP水平，制定最高贷款额度限制。	融资性担保公司的融资性担保责任余额不得超过其净资产的10倍。	25倍

[1] 《七部门联合发布〈融资性担保公司管理暂行办法〉》，http：//www.gov.cn/gzdt/2010－03/11/content_1552860.htm。

[2] 互联网金融研究组：《P2P借贷平台：性质、风险与监管》，http：//blog.sina.com.cn/s/blog_cb235baa0101b4c9.html。

在2013年倒闭的平台中，不乏超高杠杆的平台。如浙江的家家贷，倒闭时涉及金额约1.1亿元，而公司的注册资金仅为500万，杠杆倍数达22倍，平台的运营风险非常高。所以，当出借人蜂拥提现时，平台则很快地垮掉了。

5.4 流动性风险

流动性风险是指因市场成交量不足或缺乏愿意交易的对手，导致未能在理想的时点完成交易的风险。借款人有清偿能力，但无法及时获得充足资金或无法以合理成本及时获得充足资金以应对资产增长或支付到期债务，流动性风险就出现了。

国外的网贷平台承担的是信息中介服务，其自身不介入借贷业务，因此不存在流动性风险。而我国网络借贷行业以平台垫付模式居多，因此这里的流动性是指在网贷平台承诺为出借人垫付逾期借款的情况下，平台应对出借人兑现要求的能力。

当网贷平台流动性不足时，它无法以合理的成本迅速减少负债或变现资产获取足够的资金，从而影响其盈利水平。如果网贷平台作为出借人和借款人的中介，随时持有的、用于支付需求的流动资产只占负债总额的很小部分，网络借贷的大量债权人同时要求兑现债权，例如出现大量出借人的挤兑行为，网贷平台就可能面临流动性危机。[1]

导致网贷平台出现流动性危机的主要原因是资金错配。资金错配包括金额错配和期限错配。前者将一笔贷款分成若干小额贷款，后者将一笔长期贷款分成数笔短期贷款。由于网贷行业的出借人大都偏好短期、小额的贷款，因此资金错配成了网贷平台吸引出借人的常用手法。大多数新上线的平台将长期贷款拆解成数个期限为1个月的贷款，1个月到期后需要后续资金投入才能偿还到期债权。若没有后续资金，平台就需要进行垫付，此时出借人便面临平台垫付资金不够的风险。

---

[1] 官大飚：《我国P2P网络借贷发展存在的风险及其监管对策》，载《台湾农业探索》2012年第5期。

贷款资金错配为流动性风险的出现提供了条件。而另一个相关的要素是平台出借人资金的缩减。

目前网贷平台数量众多，质量参差不齐，出借人对平台普遍缺乏信心。除了少数运营时间较长、知名度较高的平台，大多数平台难以培养忠实的出借人。原因大致如下：

1. 平台运营不善导致人气下降。

2. 偶然事件使出借人对平台丧失信心，大量出借人借款到期后申请提现而不是继续出借。

3. 新平台上线初期多以高息、短期的贷款为主，激励了出借人将资金不断投入新的平台。一部分出借人就采用此类投资策略，被称为网贷“打新族”。

如果有过多上述出借人存在于某个网贷平台，其可能会在一段时间后将资金投向其他平台，该平台可能会在短期内遭受较大的提现压力。

这里要特别提一下网贷行业的特殊现象——组团投资。

P2P 网络借贷行业的“组团投资”往往产生于活跃在网贷投资圈里的一个特殊群体，他们通常会长期参与论坛和 QQ 群的讨论，与别的出借人分享网贷投资经验。在有了一定知名度后，会集合一群出借人的资金与平台进行谈判。

组团出借人往往是为了能够与平台之间有议价的能力而进行资金抱团，这样可以要求平台让利，为组团出借人提供更高的收益率。组团投资的级别一般都是上千万的，组织者会直接找到网贷平台负责人谈判，要求平台给予更高的利息回报率。

组团出借人由于自身的现金流庞大，因此对于一个新网贷平台自身的宣传和造势能够起到很大作用。对于原先便在市场上知名的网贷老平台来说，这样的组团投资行为通常较少涉及。老平台本身就有稳定的客户资源，而要和这些组团投资人交易，就需要迎合其特殊而通常是过高的投资要求，老平台没必要增加成本、增加风险。但是，对于刚刚上线，寻求发展的新平台而言，由于没有任何的历史业绩作为参考，出借人出资谨慎，交易量很难上去。为了鼓励出借人投标，新平台只能在利率上做文章，而增加交易量的主力军是大户，所以其通常会设计一个分级奖励制度。为此，一些新平台网站有时宁可自己掏钱留住那些大笔资金，因为它们对资金比较渴求，议价也相对容易一些。

出借人组团投资，虽然使平台暂时吸引了大笔资金，但却使得新平台网站从建立之初就背上了巨大的债务负担，从而为将来的发展埋下了隐患。有时有的组团出借人要做大成交量，就会跟平台谈判，提出一些诸如希望月息四分、五分的回报要求。如达不到要求，组团投资人就会去寻找其他的新平台进行接洽。而如果新平台恰有这方面的需求，就可能会接受组团投资人的要求，承接巨大的债务负担，有时甚至不排除从事虚假交易。

此外，一旦组团出借人的资金越滚越大，甚至达到亿元以上，涉及几百个出借人。如发生卷走资金跑路事件，则会对出借人造成巨大的损失。这些行为会显著地恶化市场，助长平台跑路，危害相当严重。

目前，平台应对流动性风险的方式主要有：

1. 平台负责人通过个人关系或者个人资产筹集垫付资金。这种筹资方式的效果主要依靠负责人资金调集的能力。

2. 风险准备金。平台建立一个专用的资金池，用于借款人不能还款时，将资金垫付给出借人。这种方式可使平台的损失控制在一定范围以内，但并不保证出借人能获得完全的本金保障。

3. 开放二级市场，使出借人可以转让债权。在债权不可转让的情况下，长期标由于流动性差而吸引不到出借人；短期标又对平台兑付能力提出过高的要求。债权转让的方式则是一种折中方案。平台能发长期标，出借人也能在持有债权一段时间后转让。流动性是和投资期限及市场交易活跃度直接相关的。项目期限越短，流动性越高，债权可转让并且受让需求充足也是高流动性的保证，反之流动性则低。目前，人人贷、陆金所等平台已有债权转让功能，允许出借人在持有债权一段时间后出让债权。

5.5 透明度风险

P2P 网贷平台的透明度主要是基于平台的信息披露，主要包括两个方面：一方面是基于 P2P 网贷平台自身的信息披露，另一方面就是相关担保公司的信息披露。

基于网贷平台自身的信息披露，主要是要求平台不仅要披露借款人的信用状况、平台经营情况，而且还要披露平台运行过程中，历史上的逾期风险情况。通过对平台自身的经营状况以及平台过往风险处理的实际通报，出借人才能够较为准确地评估网贷平台以及项目本身的风险状况，才能够更好地保证其自身的资金安全。以美国 Zopa 平台为例，在信息披露方面，Zopa 平台公布的数据就有预期利率水平（包括出借方和借款方），风险拨备水平及余额，逾期率以及逾期率的计算方法，等等。Zopa 平台提供的这些数据能够帮助出借人较好地评估平台目前所处的经营状态，解决投资时信息的不对称问题。❶

基于相关担保公司的信息披露，即要求担保公司能够就自身的担保业务及以往的担保经历进行信息披露。担保公司自身信誉及以往担保状况直接涉及出借人的本金安全问题，网贷平台为了能够更好地增加业务，有时会打出"100% 本金保证"的口号，但在现实案例中，担保公司往往无法真正做到这一点。因此，担保公司自身的信息披露也事关 P2P 网络借贷行业能否健康发展，出借人权益能否得到保障。

网贷平台对借款人的信息披露是否充分、透明，网贷平台是否建立了一套完备的风控体系，其提供的有效信息和方式能够帮助出借人更好地甄别借款人的信用风险。

5.6　技术风险

技术风险，即互联网安全的技术风险。网络借贷本身所依靠的就是互联网这个平台，所以，互联网安全技术风险是网络借贷风险的重中之重。

黑客攻击平台并要挟收取保护费的情况时有发生。其原因主要有三点：

1. 网贷平台系统本身安全漏洞较多。

---

❶ 袁君：《世界首家 P2P 平台掌门人 Philip Riese：P2P 平台最需要的是透明 适度监管才能带来创新》，载《每日经济新闻》2013 年 11 月 6 日。

2. 行业有金融属性，系统出问题后造成的影响较大。

3. 风险资本进入该领域，行业的社会关注度较高。

而黑客攻击对平台出借人的影响主要有两点：

1. 一旦平台系统出现问题导致出借人无法登录，有可能会引起出借人的集体恐慌。2013 年年底，“及时雨网贷”曾遭到连续多日的 DDOS 攻击，网站长时间无法登录，这成了之后出借人大量提现的重要原因。

2. 黑客入侵数据库之后可能会篡改、修改和删除相关数据。由于网贷平台系统记录了出借人的银行账户、账户余额、待收和资金记录，一旦这些数据被修改甚至被删除，将会影响出借人的资金安全。这就要求平台要做好数据备份，并准备好应急预案。

5.7 法律风险

5.7.1 网络借贷平台涉及的法律风险

平台作为出借人与借款人的信息平台，它的法律地位是合同法中的居间人。理想情况下的 P2P 网贷平台应被视为融资居间合同中的居间人的角色，仅仅作为信息中介，不介入双方的交易。但在实际操作中，已有不少平台偏离了纯中介的角色，因此平台面临着额外的法律风险。[1] 主要有以下几方面：

1. 平台公开发行证券的风险。从债权转让模式来看，首先，P2P 网贷平台在工商局和电信局注册的经营范围多为“金融咨询”和“信息服务”业务，并没有取得向公众募集资金的资质。其次，第一出借人在向其他出借人转让债权时，转让的不仅是本金还包括利息，属于变相给予其他出借人回报。最后，网贷平台公开向其出借人客户进行债权转让，其转让的对象是不特定的社会公众。根据我国《证券法》第 10 条已经界定的公开发行的定义，公开发行主要是指向不特定的社会公众广泛地发售证券，或者向特定对象发行证

[1] 鲁丹、丁晓斐：《论网络借贷的法律风险防范》，载《法制博览》2013 年第 2 期。

券累计超过 200 人的行为。公开发行需要经过证监会的核准，否则属于非法公开发行证券。

2. 非法吸存与非法集资的风险。如平台本身建立资金池，就可能构成非法吸存与非法集资。根据 2011 年实施的《最高人民法院关于审理非法集资刑事案件具体应用法律若干问题的解释》，违反国家金融管理法律规定，向社会公众（包括单位和个人）吸收资金的行为，同时具备下列四个条件的，除刑法另有规定的以外，应当认定为刑法第一百七十六条规定的“非法吸收公众存款或者变相吸收公众存款”：（一）未经有关部门依法批准或者借用合法经营的形式吸收资金；（二）通过媒体、推介会、传单、手机短信等途径向社会公开宣传；（三）承诺在一定期限内以货币、实物、股权等方式还本付息或者给付回报；（四）向社会公众即社会不特定对象吸收资金。由于网络借贷借款实行“一借多”的模式和会员的社区化管理，要求网贷平台对出借人采取“账户式”操作。出借人在网贷平台上注册后，需要将计划出借的资金转到平台的账户上，而这些账户大都是网贷平台在第三方支付平台上开设的企业账户。因此，这些企业账户积聚了社会大众的资金，而且国内大多数网贷平台都有保障本金的承诺。在我国金融管理法律体制下，只有银行等金融机构可以吸收公众资金。如果这些资金进入平台公司或公司个人账户，则可能属于非法集资或变相吸收公共存款。

3. 集资诈骗的风险。如平台被认为以非法占有为目的进行了非法集资，就可能构成集资诈骗。

4. 从事违法的居间活动的风险。如居间人在居间活动中不能遵守法律、法规和国家政策，不能遵循商事惯例和交易习惯，则可能会涉及从事违法的居间活动。

5. 违反保密义务的风险。

6. 如平台为借款人提供担保，则可能违反关于融资担保管理的有关规定。

5.7.2　网络借贷出借人涉及的法律风险

1. 电子合同合规性的风险

因为网络借贷是基于互联网的资金交易，所以出借人和借款人之间难以当面签署纸质的借款合同，目前几乎所有的网贷平台，出借人与借款人之间均是以电子合同的形式来规范相互之间的关系。

我国对电子合同效力的相关法规主要有《合同法》、《电子签名法》等。电子合同有广义和狭义两种解释。广义的电子合同是指所有通过计算机网络形成的合同，包括通过 E-mail 等传输手段订立的合同和通过 EDI 系统形成的合同。狭义的电子合同专指通过 EDI 系统形成的合同。根据我国《合同法》第 11 条的规定，电子数据交换、电子邮件等数据电文形成都属于合同的书面形式。第一，只要数据电文能够有形地表现所载的内容，即可读性；第二，数据电文的内容是固定的，能够在一定的时间内稳定存续，在需要的时候可以重复展示，供当事人随时查阅，都被认为是由《合同法》调整的合同。我国 2004 年 8 月 28 日第十届全国人民代表大会常务委员会第十一次会议通过的《电子签名法》第 2 条第 2 款规定："本法所称数据电文，是指以电子、光学、磁或者类似手段生成、发送、接收或者储存的信息。"第 4 条规定："能够有形地表现所载内容，并可以随时调取查用的数据电文，视为符合法律、法规要求的书面形式。"据此，数据电文的概念有两层含义：第一，数据电文使用的是电子、光、磁手段或者其他具有类似功能的手段；第二，数据电文的实质是各种形式的信息。

电子合同无法用手书签名，那如何证明合同内容的真实性以及确定合同的签署时间呢?《合同法》第 33 条规定："当事人采用信件、数据电文等形式订立合同的，可以在合同成立之前要求签订确认书。签订确认书时合同成立。"另外，合同成立，可以约定使用电子签名。根据我国《电子签名法》第 3 条规定，"民事活动中的合同或者其他文件、单证等文书，当事人可以约定使用或者不使用电子签名、数据电文"；第 14 条规定，"可靠的电子签名与手写签名或者盖章具有同等的法律效力"。

目前国内也存在不少网贷平台，即使提供了电子合同，但可能并不合法、合规，比如电子合同未按法律规定的形式生成，合同无电子签名或手写签名，合同未明确借贷双方的主体。甚至有的平台并不提供电子合同，这就为出借人出借资金、借款人融资蒙上了一层风险。许多出借人和借款人的法律意识淡薄，也助长了不合规平台的快速涌现。规避此类风险的方法，除了市场的优胜劣汰外，还需要借贷双方经验和知识的积淀，最重要的是监管层的介入。

2. 出借人债权的合法性

对于在平台上出借资金的债权合法性的相关法律规定，有《最高人民法院关于人民法院审理借贷案件的若干意见》、《合同法》和《民法通则》。1991 年《最高人民法院关于人民法院审理借贷案件的若干意见》第 1 条规定："公民之间的借贷纠纷，公民与法人之间的借贷纠纷以及公民与其他组织之间的借贷纠纷，应作为借贷案件受理。"《合同法》第 210 条规定："自然人之间的借款合同，自出借人提供借款时生效。"《民法通则》第 90 条规定："合法的借贷关系受法律保护。"另外，在平台上出借资金的债权人的利率要符合我国相关法律的规定，否则超出国家规定的利率部分不受法律保护。《合同法》第 211 条第 2 款规定："自然人之间的借款合同约定支付利息的，借款的利率不得违反国家有关限制借款利率的规定。"我国相关的司法解释也进一步明确上述规定，即民间借贷利率最高不得超过银行同期、同类贷款利率的四倍[1]。

3. 出借人的隐私权

出借人的隐私权是受到我国相关法律保护的。在网贷平台中，借贷双方因为涉及借款合同签订，均要将姓名、身份证号（甚至身份证正反面照片）、银行卡号等一系列私人信息提供给平台方，这些私人信息都是受法律保护的公民隐私，平台方未经同意，不能向他人公开这些信息。借款人和出借人都面临着平台泄露隐私信息的风险。

4. 借助平台进行非法公开发行证券的风险

出借人可以通过网贷平台发布净值标等类资产证券化的借款标，与平台债权转让类似，因此同样面临着被认定为非法公开发行证券的风险。

5.7.3 网络借贷借款人涉及的法律风险

网贷平台的借款人因为通过平台融资，与平台面临的风险类似，同样存

[1] 《最高人民法院关于人民法院审理借贷案件的若干意见》第 6 条规定："民间借贷的利率可以适当高于银行的利率，各地人民法院可根据本地区的实际情况具体掌握，但最高不得超过银行同类贷款利率的四倍（包含利率本数）。超出此限度的，超出部分的利息不予保护。"

在被认定为非法集资、非法吸存、集资诈骗、非法公开发行证券的风险，另外还有被认定为投向国家禁止的产业及用途的风险。

5.7.4 第三方支付涉及的法律问题

1. 资金托管的法律问题

资金托管，就是资金流运行在托管公司，不经过平台的银行账户，避免平台因为经营不善导致挪用交易资金而给交易双方带来风险。在托管方式里，托管方只需要保障资金流的模式安全，交易双方的资金和平台的资金不交叉即可。资金托管原理是：出借人和借款人分别在支付公司注册 A 和 C 两个账户。平台在支付公司注册 B1、B2 两个账户，用来进行资金托管和手续费收取。B1 为托管账户，账户内资金不能提现、转账，只能执行解冻和退款两种操作；B2 为自有资金账户，可以进行提现和转账等操作。投标后，投标本金进入 B1 账户，投标过程中收取的费用进入 B2 账户。整个过程中出借人都能看到自己资金的准确去向（某些支付公司的托管产品是黑箱型，名义上是资金托管，但出借人看不到自己投标资金的准确去向，有意见认为黑箱型托管属于伪托管）。满标后，平台操作员进入 B1 对投标资金执行解冻操作，资金即会从 B1 账户进入 C 账户。流标后，平台操作员进入 B1 账户对投标资金执行退回操作，资金退回 A 账户[1]。

从央行等九部委在界定网贷行业非法集资的会议上明确建议平台资金由银行或者第三方支付公司进行托管来看，第三方支付可以对平台资金进行托管。但这里需要明确以下几个问题：

第一，第三方支付的托管并不是监管。央行的目的很明确，希望通过第三方托管的方式避免资金流入平台的银行账户形成资金池，导致资金池内资金被挪用的风险。而监管的含义是保障交易过程中的交易三方（出借人、借款人、平台）交易的合法性，通过相关制度或者手段保证交易双方和平台在整个交易过程中风险可控，三方不存在欺诈、违法行为。

第二，真正的托管要签订托管协议。没有签订托管协议的托管不是真正

[1] 何德旭、王进成：《网络借贷平台的风险与监管》，载《武汉金融》2013 年第 8 期。

的托管，只是平台本身在第三方支付开个账户而已。此账户还是由平台本身控制，并不能防止平台挪用出借人的资金。

目前，大多数网贷平台跟支付公司合作的形式均为直接支取模式，付款人通过支付公司的网银直连支付接口，将资金付给网贷平台。其中的资金流程是：第一步，从付款人的银行卡转到支付公司的备付金账户。第二步，从支付公司的备付金账户转移到平台的银行卡。第二步一般都是 T+1，即付款完的第二个工作日，而支付公司将资金汇款到平台的银行卡上，部分支付公司甚至是 T+0 垫资。这种模式，支付公司在其中只起到了一个桥梁作用，让付款人的付款过程比线下汇款更加快捷、便利。资金还是会进入平台的银行账户，资金并不是真正托管在支付公司。在这种模式下，一旦平台自身经营有问题，平台就有可能直接挪用交易双方的资金。这种模式就是央行明确说明的“平台资金池”模式。资金池形成方式有两种：一种是线下汇款，另一种是在线支付。辨别是否是资金托管的最简单、有效的方法就是出借人、借款人、平台是否在第三方支付公司开通独立的虚拟账户。

2. 沉淀资金的法律问题

第三方支付沉淀资金，是指停留在第三方支付平台账户中的、买卖双方待结算交易货款的集合。由于第三方支付平台买卖双方的货款大量存在延时支付、延期清算的情况，从而导致该平台中出现了大量的积累下来、不参与流通的资金。

我国对第三方支付机构的相关立法主要有《合同法》、《电子支付指引(第一号)》、《非金融机构支付服务管理办法》、《非金融机构支付服务管理办法实施细则》等相关法律法规。于2010年9月1日实施的《非金融机构支付服务管理办法》是对第三方支付平台法律空白的补充，从市场准入、风险控制、监管策略等方面作出了规定。但是，该办法及细则并未对沉淀资金的去向问题作出清晰的规定。《支付机构客户备付金存管办法》只在第42条中对沉淀资金的定义作出了说明：“客户备付金，是指支付机构为办理客户委托的支付业务而实际收到的预收待付货币资金”。并没有对资金的使用等作出相应的规定。

5.8 出借人杠杆风险

网络借贷作为一个新兴行业，在利率基准上并无规范。不少网贷平台在初期为吸引人气、树立品牌会在利率上打价格战，也就是用高回报吸引出借人前来投资。

在这种环境影响下，不少出借人会被高回报这块蛋糕所吸引，而投资网络借贷行业来进行理财的群体本身就是中低薪阶层，自有资金不多，投资所产生回报也就相对较少。因此，出借人会选择利用信用卡的资金，或者向其他亲友借低息款来投资高利息的网络借贷。

部分网贷平台为出借人提供“净值标”以实现资金临时周转。净值标是以出借人的债权作为保障，给予其一定的借款额度。如出借人在某平台的当前出借金额为 10 000 元，平台净值比例为 80%，则该出借人可再发最高额度为 8 000 元的净值标。

净值标设立的最初目的是为出借人提供资金临时周转的手段，增加其资产的流动性。但由于借入的金额可以继续投标形成新的债权，出借人可利用净值标放大资金杠杆。由于净值标通常期限较短，标到期时发标人的债权可能未到期，因此发标人可能无法及时还款。这是网贷行业特有的由于出借人放大资金杠杆而造成的风险。

5.9 道德风险

当前网络借贷行业仍然处于无准入门槛的状态，有部分平台以借贷的名义开办平台，但事实上却将出借人的资金挪作他用，更有甚者直接卷款潜逃。这类并非将资金用作借贷并导致出借人资金损失的可能就是网络借贷的道德风险。

平台涉嫌诈骗在网贷行业并不是新鲜事。2012 年 6 月，“淘金贷”涉嫌骗取出借人资金逾 100 万元，其负责人之后被警方逮捕。[1] 2013 年 11 月，山东莱芜平台“乐网贷”无法提现，造成出借人损失达 3 000 万元，其负责人于 2014 年 1 月被莱芜市检察院以“非法吸收公众存款罪”批捕。[2] 深圳平台“鹏城贷”携亲戚、朋友、同事及出借人总计约 8 000 万元潜逃海外，不知去向。[3]

从 2011 年 8 月银监会发布《关于人人贷有关风险提示的通知》，到 2014 年 1 月国务院办公厅下发《关于加强影子银行监管有关问题的通知》（即“第 107 号文”），政府对 P2P 网贷行业持续关注。鉴于具体的准入标准和监管措施尚未出台，出借人须警惕平台的道德风险。

另外，将出借人资金留作己用也成了一些网贷平台的常见做法，这种做法被称作“自融”。自融平台由于缺乏约束，极有可能将资金投资于高风险项目，甚至用于偿还平台负责人原有的债务。已倒闭的平台中，大部分都伴随着自融的情况。

[1] 高翔：《警方介入淘金贷事件　拷问 P2P 与支付平台合作模式》，载《每日经济新闻》2012 年 6 月 13 日。

[2] 杨珏轩：《P2P 网贷首涉非法吸存罪　恐成行业标志事件》，载《每日经济新闻》2014 年 1 月 27 日。

[3] 罗峰：《一个网络贷款平台的非正常死亡》，载《证券时报》2013 年 12 月 2 日。

第六章

网络借贷平台综合评级

6.1 综合评级的目的及意义

在行业火热但杂乱的背景下，为了顺应行业发展趋势，网贷之家经过半年多的酝酿，推出了网贷平台评级，旨在给出借人和平台人员提供一个更好地了解网贷平台的指标，对行业的规范发展具有重要的参考价值。

网贷平台综合评级基于网贷之家采集的多家网贷平台的公开信息和成交数据。根据这些数据，得出成交量、营收、人气、收益、杠杆、流动性、分散度、透明度、品牌9项指标的评分，并加权得出各个网贷平台的综合指数。每项指标又有下设的分指标，所以可从多维度、客观地展现一个网贷平台的综合情况。评级涉及几项指标及概念，力求给出借人提供更多的通过数据看平台的方法。

综合评级评的是网贷平台的综合影响力及综合实力，基于事实和道理，不引导出借人投资，也不是推荐平台，所有的评分均来源于客观数据，尽可能地排除人为主观因素的影响。目前的评级办法，作为初次设定，极有可能会存在着不足之处。随着行业的不断变化，评级系统会进一步调整和完善，力求评级方法客观化、中立化、系统化。本评级，除了向读者提供一个考量网贷平台的指标，也向出借人和平台人员提倡一个网贷平台健康、稳健发展的理念。

6.2 评级指标说明

网贷平台综合评级（以下简称网贷评级）作为网络借贷行业的风向标之一，为确保其结果的规范性与健康性，暂不将以下七种情形的平台列入评级系统[1]：

1. 平台上连续（3 天内）出现 3 个及以上借款标的综合年化收益率≥42%；

2. 平台综合年化收益率≥36%，且月成交量≥6 000 万元；

3. 单人平均借款金额≥Max｛注册资金，风险准备金，0.5×自身担保公司注册资金｝；

4. 单月出借人数≤100 人；

5. 单月借款人数≤10 人；

6. 单月时间加权成交≤2 000 万元×月；

7. 上线 3 个月以内。

网贷评级根据网贷之家数据库采集的信息和成交情况数据，设置成交量、营收、人气、收益、杠杆、流动性、分散度、透明度、品牌 9 项指标，对这 9 项指标在 0～100 分范围内评分，并加权得出各个网贷平台的综合指数。其中 9 项指标中的每项指标又细分为许多分指标，以保证网贷评级从多个维度客观地展现一个网贷平台的综合实力与综合影响力。网贷评级每月发布一次，并根据当月情况作适当调整。下面依次对这 9 项指标进行更深入的说明。

6.2.1　成交量指标

用于表征平台成交量的指标。成交量积分越高，表明平台成交量越高。成交量指标根据当月实际成交量和当月时间加权成交量加权得出，并根据净值标及秒标在总成交量中的占比给予适当减分。2013 年 12 月网贷评级结果显示，成交量积分最高的平台为陆金所，为 97.77 分，比 11 月增加了 2.02 分，增幅为 2.11%，表明陆金所 12 月成交量较 11 月有所增长。

6.2.2　营收指标

用于表征平台可能获得的营业收入的指标。营收积分越高，平台可能获

[1] 对于 P2P 网贷平台的界定标准是在线交易过程，即不论出借人和借款人是从线上还是线下招募，交易过程必须在网上完成，有投标的过程，在此前提下，如宜信模式更多是通过线下理财端进行交易，所以没有列为评级对象。

得的营业收入越高。因为目前网贷行业很多平台采用平台垫付模式，因此，营业收入增高，就相应降低了平台的风险，更有益于出借人。由于网贷平台的借款管理费为平台的主要收入来源之一，其中

借款管理费 = 借款金额 × 借款期限 × 费率（一般为 0.2% ～ 0.5%）

所以，时间加权成交量与平台借款管理费之间存在正向关联。因此，我们目前采用时间加权成交量来进行营收指标的评分，并根据平台模式、有无利息管理费、VIP 年费及充值费用等给予适当调整。2013 年 12 月网贷评级结果显示，目前处于评级前 60 的网贷平台营收积分均值为 50.58 分，均值以上的平台有 26 家，而 11 月的营收积分均值为 51.43 分，均值以上平台有 27 家，营收积分较高的平台在营业收入上的优势正不断聚集。

6.2.3 人气指标

用于表征平台的出借人和借款人数量的指标。人气积分越高，表明在平台出借和借款的人数越多。目前该指标根据出借人人数、借款人人数加权得出，并根据平台模式给予适当调整。2013 年 12 月网贷评级结果显示，目前人气积分最高的平台为人人贷，为 98.07，人气积分最高与最低之差为 66.88，较 11 月的 65.50 有一定增长，说明年底出借人和借款人更加倾向于选择一些人气高的平台。

6.2.4 收益指标

用于表征出借人在该平台投资可能获得的收益的高低的指标。收益积分越高，表明在该平台投资获得的收益可能越高。目前该指标根据平台综合收益率得出，并对不保障本金、有利息管理费及其他费用的平台给予适当减分。2013 年 12 月网贷评级结果显示，对比 12 月与 11 月前 60 家网贷平台，12 月收益积分上涨的平台有 23 家，收益积分下降的平台有 33 家，说明年底资金面吃紧，一些平台为吸引资金，收益率有所上调。

6.2.5　杠杆指标

用于表征平台的风险承受能力高低的指标。杠杆积分越高，表明平台可能的资金杠杆越小，风险承受能力越高。对于承诺本金保障的平台，杠杆指标目前简单地定义为

$$平台杠杆 = \frac{久期 \times 总成交量}{(注册资金 + 风险准备金 + 0.5\% \times 时间加权成交量)}$$

对部分借款业务来源于无关联的小贷公司的平台（如有利网）或自身为担保公司的平台，以及有风险投资（如点融网有风投入股）的平台给予适当调整。同时，由于部分平台注册资金不实，故目前在综合指数中权重较低。2013 年 12 月网贷评级结果显示，杠杆积分均值为 46.19，高于此均值的平台有 31 家，如图 6－1 可以看出，平台杠杆积分图呈线性下降。

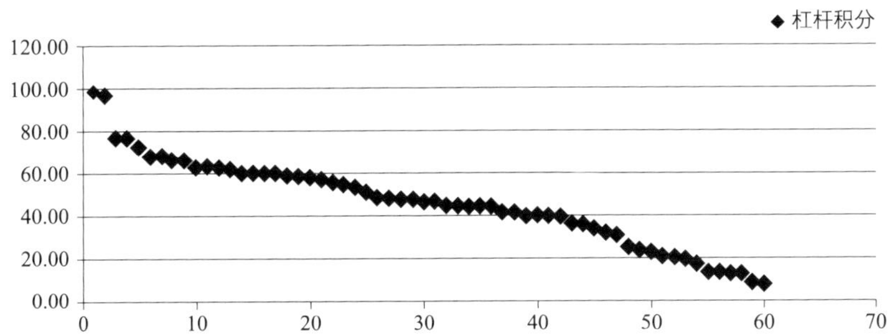

数据来源：网贷之家

图 6－1　60 家网贷平台杠杆积分散点图

6.2.6　流动性指标

用于表征在平台出借资金回收时间长短的指标。流动性积分越高，表明在该平台投资回收本金的时间越短，越能灵活地退出。目前，该指标根据久期计算得出，并根据有无净值标、有无债权转让标、提现速度等给予适当调整。

久期是来自于债券方面的概念，即收回本金的加权时间。根据不同的还款方式，有如下计算方法：

按月等额还款

$$D = \text{if}\left(n \leqslant 1, 1, 1 + \frac{1}{r} - \frac{n}{(1+r)^n - 1}\right)$$

月付息到期还款

$$D = \text{if}\left(n \leqslant 1, 1, \frac{(1+r)^n - 1}{r(1+r)^{n-1}}\right)$$

r 为月利率，n 为借款期限，根据每个借款标的相关参数，可以计算其久期，然后根据成交量加权平均，得出某平台借款标的平均久期。

2013 年 12 月网贷评级结果显示，目前流动性积分最高的平台有 E 速贷、龙城易贷、开心贷、通融易贷、易网贷、爱贷网、温州贷。

6.2.7 分散度指标

用于表征平台借款标分散情况的指标。分散度积分越高，表明平台的借款人越分散，平台运营风险越低。分散度指标根据单人借款金额、单人投资金额以及借款集中度加权得出。根据 2013 年 12 月网贷评级结果显示，目前分散度积分最高的平台为拍拍贷，为 81.22 分，高于排名第二的人人贷 12.34 分，而人人贷之后的相邻排名平台之间的分散度积分无太大分差。

6.2.8 透明度指标

用于表征平台信息透明度的指标。透明度积分越高，表明平台信息公开得越多，平台越透明。透明度指标根据平台是否公布公司证照、逾期数据、借款资料及抵押资料照片、运营数据、借款人基本信息及信用等级等信息评分得出。平台信息的透明化是无止境的，所以认定透明度积分的最高分为 80 分。2013 年 12 月网贷评级结果显示，目前透明度积分均值为 56.86 分，而透明度积分最低的平台分值只有 16 分，说明这些平台需要加强平台透明度，只有这样才能赢得出借人的长久信任和支持。

6.2.9 品牌指标

用于表征平台知名度的指标。品牌积分越高，表明平台的知名度越高，越能得到出借人的认可。品牌指标根据资金认可度、上线时间、总部城市、Alexa 排名、股东背景、团队背景、是否自主研发平台、事件影响等信息评分得出。其中

$$资金认可度=\frac{时间加权成交量}{综合收益率}$$

越低的收益率，达成越高的时间加权成交量，资金认可度越高，出借人对平台的认可程度越高。2013 年 12 月网贷评级结果显示，目前品牌积分排名前五的平台为人人贷、拍拍贷、陆金所、红岭创投和有利网。可见，一些老平台在品牌积分上具有一定的优势，但也正因为这些平台致力于其品牌建设，所以才能较为长久地运营下去。

6.3 综合评级结果

网贷评级的综合结果以综合指数形式呈现，综合指数是对以上 9 项指标，用层次分析法给予不同的权重，然后加权平均得出，详情请参见表 6－1。

$$\begin{aligned}综合指数=&成交量指数\times10\%+营收指数\times10\%+人气指数\times20\%+\\&收益指数\times6\%+杠杆指数\times4\%+流动性指数\times5\%+\\&分散度指数\times16\%+透明度\times9\%+品牌指数\times20\%\end{aligned}$$

综合指数表征的是平台的综合实力、综合影响力以及发展潜力，评级内容并不构成对出借人的投资建议，而是客观公正地选取出借人希望了解的信息，将之整合后再提供给出借人。出借人可以根据自身的风险偏好来关注各项指标，综合指数最高的，并不代表该平台最安全、最值得所有出借人投资。

为保证数据的准确性与真实性，我们与大部分平台实施了平台的数据接口，由平台实时提供数据。同时，我们也会利用爬虫软件抓取各平台的数据，每月对数据进行 2 ～ 3 轮校验，保证数据准确度达 95% 以上。当然，需要说明的是，由于国内网贷行业的不完善以及国内网贷研究尚无成熟研究成果进行参照，目前推出的网贷评级仍有可进一步改进之处。例如，目前的网贷评

级未能反映平台的运营模式，网贷评级与平台的安全性尚无法挂钩，也未与考察认证相结合。此外，平台公布或提供的成交数据的真实性和准确性也有待进一步确认，等等。在后期，我们会时刻根据行业变化对评级作适当调整，以完善现有的网贷评级，为出借人、平台人员及网络借贷行业的关注者提供更为全面、可靠的评级服务。

表 6－1　2013 年 12 月网贷平台综合指数评级（60 家）

平台	成交量 10%	营收 10%	人气 20%	收益 6%	杠杆 4%	流动性 5%	分散度 16%	透明度 9%	品牌 20%	综合指数 100%
人人贷	86.16	90.58	98.07	41.65	19.57	34.70	68.88	68.00	89.93	77.43
拍拍贷	63.86	73.01	96.68	25.97	59.92	49.79	81.22	48.00	89.51	74.68
红岭创投	67.95	67.01	85.11	44.35	48.30	91.37	54.88	66.40	79.95	70.43
陆金所	97.77	100.00	67.15	32.99	25.38	36.62	66.15	17.60	83.84	66.97
有利网	63.85	68.93	82.25	41.16	20.67	57.22	66.49	47.20	78.09	66.39
365 易贷	60.72	60.61	76.53	54.10	46.58	87.87	55.52	61.92	70.33	65.46
微贷网	72.89	69.71	77.70	46.77	8.20	58.24	68.59	58.40	62.76	64.63
投哪网	66.06	67.31	71.88	46.87	13.88	80.70	61.09	72.00	53.36	62.04
团贷网	73.82	70.49	70.33	57.25	68.13	54.71	31.16	72.00	65.66	61.99
人人聚财	59.88	60.72	72.05	41.45	17.42	81.13	62.32	59.20	64.10	61.83
808 信贷	63.80	56.72	73.11	54.37	34.59	98.59	50.28	63.68	55.85	61.20
新新贷	69.27	70.09	57.06	54.73	24.04	71.94	63.11	70.40	54.33	60.49
宜人贷	67.13	73.97	74.61	37.30	12.87	33.76	65.40	24.00	69.59	60.02
e 速贷	49.30	50.64	59.07	50.67	66.38	100.00	51.89	70.40	63.80	59.90
点融网	49.96	66.51	60.04	27.33	68.05	61.25	58.54	36.00	76.25	58.94
积木盒子	61.57	59.08	66.83	44.94	62.93	57.85	32.64	64.00	66.17	57.75
爱投资	73.03	70.85	68.43	53.54	72.33	80.13	21.35	44.00	60.66	57.69
和信贷	57.19	52.31	63.16	66.43	55.53	68.76	41.35	72.00	52.59	56.84
汇通易贷	46.21	46.75	58.81	63.37	40.05	90.43	54.96	80.00	48.78	56.73
万惠投融	65.63	59.89	68.66	58.23	57.29	67.29	24.70	56.00	60.56	56.54
合拍在线	75.13	64.63	66.55	51.78	62.90	78.65	34.31	23.52	57.94	56.03

续表

平台	成交量 10%	营收 10%	人气 20%	收益 6%	杠杆 4%	流动性 5%	分散度 16%	透明度 9%	品牌 20%	综合指数 100%
一起好	54.97	51.61	65.06	56.74	21.03	76.44	43.66	80.00	45.69	55.06
信融财富	68.57	64.04	62.58	51.93	41.83	61.40	22.20	56.48	62.90	54.85
草根新贷	42.09	39.16	50.97	72.86	46.94	96.78	55.80	73.60	45.70	54.10
温商贷	57.86	49.15	58.72	60.66	39.75	78.54	35.26	72.00	50.85	53.89
温州贷	65.20	52.64	71.20	40.97	8.82	100.00	35.20	40.80	52.71	53.68
金海贷	49.42	44.29	58.66	69.55	66.38	72.94	31.57	72.00	50.24	53.16
盛融在线	63.27	46.78	64.11	55.19	12.90	78.12	36.81	59.20	50.56	52.89
起点贷	51.21	44.59	56.90	69.87	59.98	73.28	45.74	72.00	37.56	52.52
信用宝	39.35	44.25	46.65	40.50	30.87	43.44	67.70	49.60	67.83	52.39
通融易贷	45.07	42.73	55.57	57.03	47.94	100.00	53.03	62.40	40.24	52.38
爱贷网	48.10	46.21	57.14	61.30	39.95	100.00	51.48	53.60	39.62	52.12
煜隆创投	49.09	38.62	55.81	66.60	62.07	94.35	45.57	32.32	48.99	51.13
工商贷	50.01	53.37	54.46	64.64	36.19	57.53	38.54	72.00	45.03	51.09
互利网	49.46	57.50	43.24	51.05	23.26	52.87	46.95	72.00	53.26	50.63
合力贷	38.54	38.45	51.20	58.93	76.27	93.07	53.42	32.80	49.29	50.54
证大 e 贷	23.96	35.13	43.76	48.97	59.89	28.29	67.04	45.92	70.88	50.44
惠众金融	36.87	34.55	46.64	74.11	44.45	67.42	57.99	72.00	39.29	49.68
融贷通赢	39.84	41.39	51.24	53.10	44.65	56.59	51.46	61.60	47.52	49.45
广信贷	42.74	37.26	54.98	65.73	54.70	76.61	43.55	60.80	37.58	48.91
快速贷	48.08	38.45	52.57	77.13	57.93	88.04	40.86	56.00	32.89	48.67
民民贷	39.53	34.39	44.06	57.42	45.42	76.60	52.94	68.00	42.73	48.43
开心贷	40.32	37.40	49.34	55.95	50.86	100.00	42.11	80.00	31.85	48.34
紫枫信贷	45.69	42.98	59.95	64.79	32.38	63.86	50.81	34.40	39.11	48.28
畅贷网	36.20	41.22	36.42	45.70	41.55	48.79	49.77	67.20	61.99	48.28
融金所	37.81	34.20	37.01	62.65	62.66	73.35	53.21	72.00	42.31	47.99
新联在线	32.28	30.48	43.79	66.37	98.27	86.50	39.65	68.00	40.86	47.91
招商贷	58.30	49.13	60.96	68.31	47.73	70.61	27.61	62.40	25.77	47.66

续表

平台	成交量 10%	营收 10%	人气 20%	收益 6%	杠杆 4%	流动性 5%	分散度 16%	透明度 9%	品牌 20%	综合指数 100%
易网贷	44.57	40.09	52.51	58.21	40.05	100.00	46.82	54.40	31.04	47.66
玖珑财富	32.39	33.97	44.06	67.19	59.02	90.66	52.96	60.00	35.48	47.34
金e贷	41.43	34.68	44.11	69.98	76.84	77.50	41.22	62.40	37.35	47.26
慧财网	41.60	43.93	49.40	58.46	36.50	52.82	56.48	48.00	35.63	46.52
涌金贷	44.74	39.68	46.33	79.05	44.44	71.23	38.06	56.00	37.79	46.48
粒粒贷	30.40	32.56	49.87	54.25	53.35	59.00	59.07	22.40	47.35	45.55
中宝投资	68.61	58.56	50.20	49.83	13.89	71.26	23.45	26.40	45.65	45.12
热贷网	32.96	32.37	43.16	62.74	59.75	69.79	43.57	59.20	38.86	44.88
MY标客	37.66	35.26	46.23	74.37	44.46	70.04	44.12	47.20	36.40	44.87
联投网	41.22	37.94	39.18	76.03	48.49	70.63	35.04	72.00	33.25	44.52
龙城易贷	34.94	31.58	40.47	68.04	58.45	100.00	44.90	64.00	25.24	44.16
第一P2P	43.51	44.23	31.19	42.71	96.39	57.34	45.86	16.00	54.66	44.01

第七章 网络借贷行业前瞻

7.1 网络借贷平台征信

个人征信，是指依法设立的第三方中介机构经过与金融机构及社会有关部门和单位的约定，采集、加工、存储分散在各金融机构和社会有关方面的个人信用信息，形成个人信用信息数据库，并以此为基础对外提供个人信用报告和个人信用评估等服务。在现代社会，市场、金融与信用紧密联系，全社会范围的征信体系的建立是十分必要的。自从改革开放以来，我国已逐步建立并不断地完善全社会范围的征信体系。2003 年 9 月，中国人民银行设立了征信管理局。2007 年 3 月，《国务院办公厅关于社会信用体系建设的若干意见》对我国社会信用体系建设的若干重要问题作出了部署。2013 年 3 月，《征信业管理条例》实施，使征信业的发展走上了有法可依的轨道。此外，截至 2012 年 12 月底，金融信用信息基础数据库已为 8.2 亿自然人和 1 859.6 万户企业建立了信用档案。[1]

但是，P2P 网络借贷面临的市场现状却是信用意识普遍淡薄，而信用缺失将会导致信贷业务无法长期可持续发展。因此，征信体系的建立与完善在 P2P 网络借贷市场上显得尤为重要。在我国，对于民间借贷资金借入人的征信系统目前仍显薄弱，虽然上海资信、广东鹏元征信、北京安融惠众等公司已着手建立民间借贷征信系统，但与当前多数商业银行可以便利地从央行征信系统获取借款人、担保人的信用信息状况相比，尚处于发展初期的网贷平台在此方面就显得颇为力不从心。此外，网络借贷目前游离于银行征信系统之外，如果有人在银行和网络平台同时借贷，银行对其违约风险将无法准确获知。而网络借贷若出现问题也势必影响到银行，因此，征信体系的建设还需要政府主导，央行牵头，而后再逐步市场化。未来几年，央行应考虑将网贷平台接入央行征信系统，为各网贷平台提供一个信用评价数据和查询的接口。

---

[1] 中国人民银行：《中国征信业发展报告 2003 ～ 2013》，第 2 页。

Prosper之所以能在短短几年之内就发展成为全球最大的P2P网络借贷市场，其主要得力于美国完善的个人征信系统，为P2P网贷平台对借款人进行选择提供了依据。它极大地促进了借贷平台的发展，提升了融资效率。在网络借贷发展较好的国家，只要有被调查公司、个人的直接授权，网贷平台就可以查询其征信记录，而一旦网贷平台滥用企业或个人的信息，就会受到法律制裁。这些成功的经验值得借鉴，央行征信系统如能与网贷平台对接，对我国现有的征信系统进行整合，鼓励中介机构的发展，出台适合我国国情的个人征信法，将会有利于引导民间资本投入个人征信系统发展中来。❶

值得欣喜的是，我们已看到官方征信公司在网贷行业的试水。上海资信有限公司在2013年宣布全国首个基于互联网提供服务的征信系统——网络金融征信系统（NFCS）正式上线，目标是将数量众多的网贷平台征信数据纳入该系统，从而达到网贷平台的征信共享。上海资信牵头做的网络金融征信系统，可在征信业务和技术标准上与央行征信保持一致，为今后网络借贷纳入央行征信做好前期准备。

7.2　网络借贷与大数据

如今，大数据的影响力已经渗透到各个行业，P2P网贷作为依托于互联网的新生事物，想要继续保持稳定发展的势头，就势必不能脱离大数据时代而单独存在。大数据对网贷有极大的应用价值，例如，可以增进对借款人的信用审核。网贷平台通常面对的是一些信用材料不易征集、调查的小微企业群体，信用审核的状况通常不容乐观。而出借人通过网贷平台放出的资金能否按时回收是网贷平台能否持续发展下去的关键。面对这种情况，很多网贷平台开始另辟蹊径，从其他角度对借款人信用资质展开调查。例如，有的平台可能会调查借款人一般都在哪里消费，月均消费金额是多少，消费支出中的分布情况如何，最近一段时间电话的通讯记录，微博微信之类的社交圈活

❶ 赵乐峰：《P2P网络借贷融资可得性分析》，河北经贸大学2013年硕士论文。

跃度，等等。这些平台认为通过对借款人生活的方方面面的调查，根据切实存在的数据，可以从中分析出很多用户的特性、习惯，并反向推断借款人的实际财务状况，从而进行风险筛选。这对借款人信用审核将是个极大的帮助。❶

大数据还可以用于网贷监管。对一行三会来说，监管的成本、取证、平台信息监测都是难题。如果按照传统的监管方法对千家网贷平台进行监管，其结果将是效率低下。但是，如果采用大数据的方法进行监测监管，成本则可以大大降低。如果将来所有网贷平台都和一行三会对接，一行三会将可以即时调阅平台的经营数据和相关交易信息，那么网贷监管将会变得十分有效。诸如造成2013年网贷平台“倒闭潮”最重要的拆标、假标、秒标、高利率、平台自融等行为，在大数据监测下都将无处藏身。通过大数据对平台的交易、充值、提现行为数据进行挖掘，就可能在第一时间发现出借人是否和平台间有暗箱操作的行为，并能在第一时间通过信息披露提醒小散出借人，而不是像现在这样，东窗事发后小散出借人才知晓，但损失已经造成。❷

7.3 网络借贷行业协会

网络借贷行业协会的成立不仅能够代表评级机构寻求政府的支持，解决监管制度供给不足的问题，也可以代表行业成员寻求政策支持。因此，监管层应鼓励民间网贷平台成立行业协会，作为国家进行监管的补充，并要求所有网贷平台必须加入，并履行相关义务。中国小额信贷联盟总结了国外相关经验后认为，国内需要建立网络借贷行业协会，而该行业协会承担的主要工作至少应包括如下内容：制定个人资信评级的信息备案和披露规则、网贷平台执业人员管理规则、资信评级业务的规范等自律规则；组织各家信用评级

❶ 《大数据时代下P2P网络借贷将何去何从》，http：//hebei. news. 163. com/13/1216/16/9G7U4EUL027907QS. html。

❷ 张璐璇：《新新贷：以大数据监管P2P是可行的》，http：//finance. ifeng. com/a/20131204/11211438_0. shtml。

机构交流工作经验，参与国际信用评级组织间的交流，促进评级质量的不断提升；协助政府相关部门做好信用评级机构的资料上报、审查以及日常业务管理；完善信息披露制度，提高信息披露的有效性；向整个社会消费者普及网贷平台的相关知识，促进网络借贷间的有序竞争；督促和加强各网贷平台完善内部控制，建立起自我约束机制等。

行业协会在信用评级市场上应该充分发挥上下沟通的作用，即成为政府监管机构与信用评级机构之间的桥梁。监管机构的活动能够对市场有充分、灵敏的反应，需要依靠充分、有效的“一线”资料数据。同时，作为行业协会也可以将金融评级机构在运作中遇到的问题和意见即时汇总整理上报，并且在最短的时间内通过国家立法上升为法律，或者成为能够被普遍参考的准则，推进行业的整体进步。

2012 年 12 月，10 家网络信贷服务业企业在上海成立了“网络信贷服务业企业联盟”，旨在以平等互利、优势互补、资源共享、合作共赢为原则，整合行业发展资源，优化行业发展环境，促进建立完整的网络信贷服务业体系，使上海成为全国网络信贷服务的模范，进而带动全国网络信贷服务业的发展。❶

2013 年 12 月，中国人民银行支付司指导下的中国支付清算协会，牵头发起成立互联网金融专业委员会。包括银行、证券、第三方支付及 P2P 等 75 家机构共同参与并审议通过了《互联网金融专业委员会章程》、《互联网金融自律公约》。中国平安保险（集团）股份有限公司董事长马明哲当选为委员会主任。互联网金融专业委员会相当于是第一个由金融监管系统主管，专门针对互联网金融的行业自律机构，可以作为央行传递信息的机制。专业委员会的成立是一个很好的尝试，或许，可以视其为一个暂时的缓冲带，它既可以很好地传导央行政策，又可以在监管还没有明确依据的情况下，避免直接监管带来的风险。❷

2013 年 12 月，由网贷之家发起成立的“广东省互联网金融协会”也正式挂牌。协会出台了促进平台之间资金合作的多项措施。这些措施类似于银行存款准备金制度，选取几家优质平台，在协会专属的银行账户里存放备付

---

❶ 沈文敏：《国内首家网络信贷服务业联盟成立》，http：//sh. people. com. cn/n/2012/1220/c176738 - 17896552. html。

❷ 杨汛：《互联网金融专业委员会成立》，载《北京日报》2013 年 12 月 5 日。

金，备付金用于协会成员日常资金拆借，但需支付拆借利息，一旦出现拆借资金逾期未还的，将予以警告。[1]

网络借贷自2007年登陆中国以后，只经历了5年时间，就形成了第一个地方性行业联盟。这说明网贷从业者们吸取了以往互联网行业和金融行业的经验，意识到一个开放性强，兼容性强，同业间信息可以自由沟通的环境对行业健康发展的重要性。因此，可以预见，在未来几年内，将会有更多的网络借贷行业联盟和行业自律组织出现，形成针对不同地域、不同贷款行业、不同营运模式等多纬度的自我监管体系。

7.4 网络借贷政府监管

在美国，P2P网贷行业受到较为严格的政府监管，美国证券交易委员会（SEC）要求P2P网贷平台必须详细地披露贷款合同中相关的具体条款。在接受SEC监管之后，P2P网贷平台每天至少一次或者多次向SEC提交报告，而消费者可以在SEC的数据系统或者P2P公司网站上获得这些数据。

而英国的Zopa尽管获得了较大成功，但其发展步伐仍然有限，背后的一大障碍便是“监管模糊”的问题。没有权威的监管，Zopa无法赢得公众的广泛信任。目前，Zopa主要还是依靠行业自律。2011年8月，英国P2P金融协会（Peer-to-Peer Finance Association）成立，初始成员包括Zopa、RateSetter和Funding Circle三家网贷公司。该协会的章程里面，提到协会成立的目的，第一条就是对出借人的保护设立最低标准要求，第二条就是促进P2P网贷市场的有效监管。作为一个非官方、非营利性的行业协会，结合这几年英国P2P网贷的发展情况来看，它很好地起到了规范业内公司，促进网贷市场发展的作用。但英国金融市场行为监管局（FCA）将从2014年4月起对P2P网贷行业进行监管。FCA是英国金融投资服务行业中唯一的监督管理机构，负责监管银行、保险以及投资业务，是全世界监管最为完善、法律执行力最强的金

[1] 梅俊彦:《类存款准备金制度拟推出》，载《中国证券报》2013年10月18日。

融监管部门之一。[1]

我国的民间网贷平台，从成立至今，尚身份不明。是牵线搭桥的普通中介组织，是提供投资咨询的咨询公司，还是从事金融服务的金融机构，可谓莫衷一是。正因为法律性质尚未明确，社会地位犹未确定，导致民间网络借贷的经营行为一直游离在法律边缘。因此，当务之急就是确立金融监管主体、制定法律法规将其行为纳入法律和金融监管的范围内。

在国内要成立一家经营型民间网贷平台需要经过以下三个步骤：一是先获得由工商行政机关颁发的营业执照；二是向通信管理有关部门申请并获得其颁发的《电信与信息服务业务经营许可证》；三是在经过以上两个步骤之后，网贷平台向工商行政机关申请增加“互联网信息服务”经营范围，并办理相应的经营性网站备案，但并不需要金融监管部门的介入。工商局通过对网站提交的公司章程、注册资本评估报告等材料进行书面审查来实现自己的监管，信息产业部对网站的审查则更偏重于对非法言论和内容的屏蔽。在民间借贷网络平台涉及跨国交易时，公安部为了维护计算机信息网络国际联网的安全也有一定的监管权限。然而，以上几个部门的监管只针对民间网贷平台的外观，并不涉及平台的经营内容。

民间网贷平台的经营业务是“融资”，无论它的载体有形与否、实现途径的迥异，并不能以此而否认其金融服务的本质属性。然而，就现阶段而言，国内对民间网贷平台的金融监管暂时完全空白。同时，以上四个监管机关更侧重于公示和备案，没有风险的价值，从而不能代替民间网贷平台运营所需要的动态且持续的监管。

究其原因，法律上没有明确民间网贷平台的性质和地位，也没有赋予金融监管部门对其监管的权限，金融监管部门不可能突破法律，随意扩大自己的监管范围。因此，事实上，政府各部门有可能把民间网贷平台视为普通的从事中介服务的企业法人，而忽略和淡化其提供金融服务的本质，导致对出借人的合法利益疏于保护，影响信贷业的市场秩序和政府宏观政策的执行效果。

我国目前实行的“机构监管”模式，强调每一类型的金融机构都有它所对应的一家监管机构。民间网贷平台属于非银行金融机构，但除了吸收存款，

---

[1] 《ZOPA破局监管难题》，http：//sh. sohu. com/20130515/n375991164. shtml。

已具备金融机构的其他特征，可以参考金融机构的监管标准并适度放宽。而根据《银行业监督管理法》[1] 的规定，银监会及其派出机构有权对银行金融机构的设立、变更和终止以及业务范围进行监管，对非银行金融机构则实行业务上的监管。因此，现阶段网贷平台由银监会负责监管似乎更为合理。我国的信贷业长期被商业银行所垄断且一直接受银监会的监管，网贷平台作为信贷业的一股新生力量，与银监会监管的市场联系更为紧密。它所经营的业务会直接影响信贷市场，却甚少直接传导至保险业以及证券业，因此，民间网贷平台接受银监会监管应该说是合理的。

7.5 网络借贷未来发展

近年来，温州金融改革和上海自由贸易区的成立释放了国家决策层决心打破金融国家垄断的信号，这也是保持经济可持续增长，实现经济转型的必要之举。在中小企业融资困难的背景下，要防止大面积的中小企业倒闭和跑路事件，就必须开放金融供给，肯定民间金融的合法性。遵循这样的思路，村镇银行组建的步伐在加快，温州民间借贷登记中心等机构也在逐渐涌现。[2]

P2P 网贷平台的发展也承应了温州金融改革的思路，一笔笔交易在互联网这个信息共享平台上被记录，清晰地反映了资金的行业去向和交易总量，这在一定程度上为决策层了解基层经济生态提供了信息渠道和决策依据。虽然目前网络借贷行业仍存在经营不够规范、信息不够透明之处，但随着整个行业的逐步规范，信息披露的逐步强化，政府监管的涉入，这种通过互联网透明化管理的信贷投放，将会形成一股金融界的有生力量，在金融脱媒时代演绎出更多的金融创新。

自 2013 年 8 月苏宁云商筹办民营银行的消息出来后，[3] 涌现出一股民营

[1] 《中华人民共和国银行业监督管理法》，http：//www.gov.cn/jrzg/2006 - 10/31/content_429279.htm。

[2] 杨育才：《温州民间借贷登记中心正式开业》，载《新闻晨报》2012 年 4 月 27 日。

[3] 袁君：《民营银行“胎动” 苏南银行名称获预核准》，载《每日经济新闻》2013 年 8 月 21 日。

银行申办热潮，监管层也不断表态，支持和鼓励民资进入银行业，而作为互联网金融领军团队的网贷平台也适时地参与了进来。2013 年 12 月，和信贷所申请的“和信银行股份有限公司”民营银行名称已获国家工商总局核准，但都尚未收到银监会发放的牌照。[1] 网贷平台试水民间银行必将对网贷行业今后的走向起到示范性的标杆效应。如果网贷平台能够拿到民营银行牌照，那就相当于具有了“合法身份”，对整个网贷行业来说有很大的促进作用，至少是监管层间接地对网贷行业给予了认可。而一旦拿到牌照，未来也会有更多的网贷平台参与进来，这将逆向促进行业的自我监督。

网络借贷行业运营至今，一直行走在灰色地带，伴随着诸多的质疑，网贷平台如履薄冰。为了应对这些难题，网贷平台应主动进行自我监督，严格规范自身运作，明确中介的角色定位和界限，逐步强化信息披露，提升风险控制水平。此外，网贷平台应积极组建行业自律组织，配合政府机构工作，寻求规范化的政府监管。到目前为止，我们欣喜地看到已经出现了多个行业自律组织。这些组织的诞生，说明行业已有了保护已有成果的诉求，想要实现长远健康发展，也为和金融监管部门进行积极交流提供了一座桥梁。值得注意的是，各级金融监管部门也在紧锣密鼓地对网贷行业进行细致缜密的调研。这是网贷行业发展的关键机遇，如果网络平台能在这一时期展现自身价值、风险控制能力和发展前景，获得政府监管机构的信任，就有可能实现一次从量变到质变的飞跃。

总而言之，尽管网络借贷行业的发展仍面临诸多的不确定性，当前和未来也面临着严峻的挑战，但不可否认的是，网络借贷的存在，有效地增加了金融供给，增进了社会福利，为解决中小微企业及个人融资问题提供了有益的尝试。在今后几年，如果整个行业能够主动建立自我监督和纠错意识，规范运作流程，实现透明化经营，行业必定会步入良性发展的轨道，为获取监管层的信赖和认可奠定坚实的基础。在供求旺盛的大背景下，网络借贷预期还将会进一步蓬勃发展，成交金额还会持续增长。与此同时，数目众多的网贷平台将面临更加激烈的竞争，这些平台在历经大浪淘沙、优胜劣汰后必将显现出主导整个行业的少数赢家。

---

[1] 刘琪：《P2P 网贷平台首度试水民营银行 和信贷申请和信银行名称获核准》，载《证券日报》2013 年 12 月 16 日。

名 词 解 释

P2P 借贷：peer to peer lending 的缩写，中文翻译为“人人贷”，是指个人对个人的借款。

P2P 网络借贷：在 P2P 借贷过程中，借贷资料、资金、合同及手续等全部通过网络实现。它是随着互联网的发展和民间借贷的兴起而发展起来的一种新的金融模式，也是未来金融服务的发展趋势。

P2P 网络借贷平台：P2P 借贷与网络借贷相结合的金融服务网站。作为借贷的中介，负责对借款方的经济效益、财务状况、经营管理水平、发展前景等情况进行详细的考察，收取账户管理费和服务费等作为收入，并将优质的借款人推荐给有投资需求的投资者，供投资者选择和投资。

借款人：在平台上进行资金借入活动的用户。

出借人：在平台上进行资金出借活动的用户，也称投资人或理财人。

借款标：借款人根据借款需求而发布的借款请求，一般包含借入的目的、借入金额、利率、借款期限及还款方式等。

发标：借款人发布借款标信息。

投标：出借人对借款人所发布的借款信息进行判断，将资金出借给发标人。

自动投标：用户自定义投标规则，如利率、期限、还款方式、借款人信用等。当发布的借款标中有满足用户自定义的标时，电脑根据自动标的规则自动帮助出借人投标。

满标： 指借款标的借款金额全部被投满。

撤标： 借款人取消借款。

投标成功： 借款标满标并通过审核。

流标： 借款标的投标期限已过，但未满标。

利息管理费： 平台根据条款对出借人所赚利息收取的费用，用以维持网站的运营。

借款管理费： 平台对借款人收取的费用，根据借款金额、借款期限及标种计算得出，用以维持网站的运营。

充值： 将银行卡上的资金转到交易平台，分为线上充值（在线充值）和线下充值两种方式。线上充值指通过第三方支付或者委托扣款等方式将资金充值至出借人的平台账户；线下充值指通过网银转账等方式先将资金转入平台法人或者公司账户，再由客服审核将资金转入出借人的平台账户。

提现： 将本人平台上的资金提取到本人银行卡上。

冻结保证金： 指平台对借款人所借资金进行冻结，待其还完全款后方可提现支配的资金。

投标金额： 出借人对借款标投标的金额。

账户总额： 账户的所有金额（含冻结金额和可用金额）。

可用金额： 用户可自由支配的金额。

冻结金额： 被锁定的金额，一般包括提现金额和借款标满标之前的金额。

按月分期还款： 每月等额本金加利息的还款方式，又称每月分期还款或等额本息还款。

按月到期还款： 每月还息，到期还本付息的还款方式，又称每月付息，到期还本。

按季分期还款： 每月还息，每季度还本付息的还款方式。

月标：借款期限在一个月及以上的借款标。

天标：借款期限在一个月以内（不含秒标）的借款标。

秒标：一种娱乐庆祝感恩回馈送钱的标，又称秒还标，标显示标记“秒”。若借款者发布秒标，则秒标利息及管理费将被冻结，待投标满后，系统自动审核通过，发标人瞬间送出利息和管理费，出借人收回本金和利息。

信用标：用信用额度发布的借款标，没有任何抵押和担保，标显示标记“信”。

担保标：用担保额度发布的借款标，即由担保人提供担保的借款标，逾期后由担保人垫付本息，标显示标记“担”。

抵押标：借款人以一定的抵押物（房产或汽车）作为担保物而发布的借款标，标显示标记“押”。抵押物经过专业评估并在相关部门（房管局或车管所）办理抵押登记手续，逾期后出借人有权处理抵押物，用以偿还约定的借款本金、利息、罚息、违约金等费用。

净值标：出借人以个人的净投资作为担保，在一定净值额度内发布的借款标，标显示标记“净”。

流转标：原始债权所有人，通过发布的借款标将债权转让给网贷平台上的出借人。

信用等级：根据在网站上借出或借入金额的多少来划分的等级。一般来说，借出的金额或者成功还款的金额越多，信用等级就越高。

坏账垫付：平台为保障出借人的利益，在借款人逾期几天后，由平台垫付逾期本金或本息，同时出借人债权转让为平台所有，又称本金保障或本息保障。

VIP 保障：平台对 VIP 贵宾会员收取 VIP 费用，提高服务标准，享受本息垫付等特权。

风险准备金：专门用于在一定限额内补偿由于借款人违约而使出借人遭受本金及利息损失的资金，主要来源于借款人及出借人的服务费，又称风险备用金。

黑名单：逾期超过一定天数（一般为 30 天）的借款人及其信息，如身份信息、联系方式、工作单位、欠款金额等。

打新：投机新平台的行为。

黄牛：低息借入、高息借出的以转贷牟利为目的的出借人。

秒客：以秒标为主要投资标类型的出借人的统称。

参考文献

本书撰写过程中，参考了其他学者、专家、研究团队及媒体的研究成果及相关报道，同时，还有许多其观点虽未形成文献，但对本书撰写提出了建设性意见的朋友，在此一并感谢！

[1] 徐伟新：《谈网络借贷模式与非法集资犯罪》，载《电子商务》2013 年第 2 期。

[2] 钱金叶、杨飞：《中国 P2P 网络借贷的发展现状及前景》，载《金融论坛》2012 年第 1 期。

[3] Angela Ceresnie, Loan Quality for 2013: Prosper, http://www.orchardplatform.com/loan-quality-for-2013-prosper/.

[4]《国内外 P2P 网站的对比分析》，http://www.rxdai.com/newsdongtai/a394.html。

[5] 马骏：《P2P 网贷模式之谜》，http://www.wangdaizhijia.com/news-more-8700.html。

[6] 洪丹丹：《基于利率市场化视角下的民间借贷之研究》，载《金融经济》2006 年第 24 期。

[7]《网络版民间借贷暗潮涌动，缺少公允行业标准》，http://finance.china.com.cn/money/bank/yhyw/20120924/1038351.shtml。

[8] 中国小额信贷联盟：《个人对个人（P2P）小额信贷信息咨询服务机构行业自律公约》，http://www.zhonghua-pe.com/2013/0903/61859.html。

[9] 上海市网络信贷服务业企业联盟：《网络借贷行业准入标准》，http://www.sisa.net.cn/Details.aspx?typeid=70&id=1622。

[10] 谭冰梅：《“网赢天下”：P2P 网贷的死亡标本》，载《南方日报》2013 年 11 月 28 日。

[11] 郝成：《鄂尔多斯：借贷危机下的复杂“烂尾”》，http：//gz. house. sina. com. cn /news/2013 –09 –14/08163568821. shtml。

[12] 罗明雄：《P2P 网贷模式解析》，http：//blog. sina. com. cn/s/blog_ 7e58e 1090101gmur. html。

[13] 赵晓悦：《唐宁辩白宜信模式》，载《21 世纪经济报道》2013 年 8 月 23 日。

[14] 胡文静：《P2P 网贷洗牌风暴：借鉴国外风控与加强自律》，21 世纪网，http：//finance. 21cbh. com/2013/xintuo_1113/927720. html。

[15]《Lending Club 七成贷款是信用卡还款》，http：//www. wangdaizhijia. com/news-more-6037. html。

[16] 何晓玲、王玫：《P2P 网络借贷现状及风险防范》，载《金融视线》2013 年第 7 期。

[17] 高谈、荆丽娟：《网贷平台担保乱局》，载《第一财经日报》2013 年 8 月 29 日。

[18]《曝光：汇宝信贷提现出现困难》，http：//bbs. wangdaizhijia. com/thread-63980-1-1. html。

[19] 朱绩崧：《尝鲜 P2P 网络借贷 业内：认清风险注重投向》，载《新民晚报》2014 年 2 月 28 日。

[20] 春燕：《网贷与担保结合，貌合神离》，钛媒体，http：//www. tmtpost. com/52687. html。

[21] 潘晟：《P2P 行业繁芜丛生》，上海金融新闻网，http：//www. shfinan-cialnews. com/xww/2009jrb/node5019/node5051/node5052/userobject1ai 123307. html。

[22]《七部门联合发布〈融资性担保公司管理暂行办法〉》，http：//www. gov. cn/gzdt/2010 –03/11/content_1552860. htm。

[23] 互联网金融研究组：《P2P 借贷平台：性质、风险与监管》，http：//blog. sina. com. cn/s/blog_cb235baa0101b4c9. html。

[24] 官大飚：《我国 P2P 网络借贷发展存在的风险及其监管对策》，载《台湾农业探索》2012 年第 5 期。

[25] 袁君：《世界首家 P2P 平台掌门人 Philip Riese：P2P 平台最需要的是透明适度监管才能带来创新》，载《每日经济新闻》2013 年 11 月 6 日。

[26] 鲁丹、丁晓斐：《论网络借贷的法律风险防范》，载《法制博览》2013 年第 2 期。

[27] 何德旭、王进成：《网络借贷平台的风险与监管》，载《武汉金融》2013 年第 8 期。

[28] 高翔：《警方介入淘金贷事件 拷问 P2P 与支付平台合作模式》，载《每日经济新闻》2012 年 6 月 13 日。

[29] 杨珏轩：《P2P 网贷首涉非法吸存罪 恐成行业标志事件》，载《每日经济新闻》2014 年 1 月 27 日。

[30] 罗峰：《一个网络贷款平台的非正常死亡》，载《证券时报》2013 年 12 月 2 日。

[31] 中国人民银行：《中国征信业发展报告 2003 ～ 2013》，http：//www.gov.cn/gzdt/2013 - 12/12/content_2546739.htm。

[32] 赵乐峰：《P2P 网络借贷融资可得性分析》，河北经贸大学 2013 年硕士论文。

[33]《大数据时代下 P2P 网络借贷将何去何从》，http：//hebei.news.163.com/13/1216/16/9G7U4EUL027907QS.html。

[34] 张璐璇：《新新贷：以大数据监管 P2P 是可行的》，凤凰网，http：//finance.ifeng.com/a/20131204/11211438_0.shtml。

[35] 沈文敏：《国内首家网络信贷服务业联盟成立》，人民网，http：//sh.people.com.cn/n/2012/1220/c176738 - 17896552.html。

[36] 杨汛：《互联网金融专业委员会成立》，载《北京日报》2013 年 12 月 5 日。

[37] 梅俊彦：《类存款准备金制度拟推出》，载《中国证券报》2013 年 10 月 18 日。

[38]《ZOPA 破局监管难题》，http：//sh.sohu.com/20130515/n375991164.shtml。

[39]《中华人民共和国银行业监督管理法》，http：//www.gov.cn/jrzg/2006 - 10/31/content_429279.htm。

[40] 杨育才：《温州民间借贷登记中心正式开业》，载《新闻晨报》2012 年 4 月 27 日。

[41] 袁君：《民营银行“胎动” 苏南银行名称获预核准》，载《每日经济新闻》2013 年 8 月 21 日。

[42] 刘琪：《P2P 网贷平台首度试水民营银行 和信贷申请和信银行名称获核准》，载《证券日报》2013 年 12 月 16 日。

后　记

《2013中国网络借贷行业蓝皮书》是由北京大学汇丰商学院中小企业研究中心和网贷之家合作研究与创作的初步成果。北京大学汇丰商学院中小企业研究中心、纽约市立大学的王家卓教授，北京大学汇丰商学院中小企业研究中心的李丽、贾勇、齐兴方、刘迪、林俊钦，中国政法大学的李爱君教授，网贷之家的徐红伟、朱明春、马骏、孙斯寒、杨凌驰，具体参加了全书的策划、研究和写作。具体分工如下：

主　编：王家卓　徐红伟
副主编：马　骏
前　言：王家卓
第一章：徐红伟　贾　勇
第二章：马　骏　孙斯寒　杨凌驰
第三章：杨凌驰　齐兴方　刘　迪
第四章：齐兴方　刘　迪　杨凌驰
第五章：李爱君　林俊钦　杨凌驰
第六章：马　骏　孙斯寒
第七章：朱明春　贾　勇

王家卓和马骏对全书作了修改和校稿，朱明春和李丽统筹、策划了整个写作计划。